DIANA

Herbert Feuerstein

FEUERSTEINs ERSATZBUCH

der Reisen nach
Hawaii
Grönland
Schottland
Ostafrika
u.v.a.

DIANA VERLAG
München Zürich

Diana Verlag Nr. 62/0289

Fast alle Fotos von
Godehard Wolpers:

Hawaii und Grönland nach Seite 32;
Grönland und Schottland nach Seite 80;
Schottland und Indien nach Seite 128;
Ostafrika nach Seite 176.

08/2002

Der Diana Verlag ist ein Unternehmen der
Heyne Verlagsgruppe München
Printed in Germany 2002

Umschlagillustration: Godehard Wolpers
Umschlaggestaltung: Hauptmann und Kampa
Werbeagentur, CH-Zug
Druck und Bindung: RMO-Druck, München
Gedruckt auf chlor- und säurefreiem Papier

ISBN 3-453-21256-8

http://www.heyne.de

Inhalt

AUSREDE
Was bisher geschah

Feuersteins Reisen endet damit, dass Feuerstein einen Schrei ausstößt und fragt, ob er nun tot sei.

So was Dummes. Wo doch jeder Leser, der anders als ein Fernsehzuschauer bekanntlich intelligent ist, auf der Stelle erkennt, dass Tote keine Bücher schreiben können. Obwohl: Neulich traf ich Dolly Buster, und wir machten das literarische Doktorspiel: Sie zeigte mir ihr Buch und ich ihr das meine. Dabei fragte sie: »Hast du dein Buch selber geschrieben?« »Natürlich nicht«, habe ich gelogen, denn man will ja nicht altbacken sein, sondern im Trend bleiben. Gleichzeitig ärgerte ich mich, dass ich nicht selber auf diese Idee gekommen war: Warum habe ich mein Buch nicht von jemand anderem schreiben lassen? Dann müsste ich nicht peinlichen Fragen von Dolly Buster ausweichen, sondern könnte in aller Ruhe tot sein. Mit einem *Ghostwriter*, der diesen Namen auch wirklich verdient.

Damit das klargestellt ist: Weder war ich am Ende von *Feuersteins Reisen* tot noch bin ich es jetzt – wobei ich unter »jetzt« den Zeitpunkt verstehe, an dem ich das schreibe. Für Sie als Leser ist »jetzt« natürlich JETZT; und in Ihrem jetzigen Jetzt könnte ich tatsächlich schon tot sein. (Verzeihen Sie bitte meine Neugier, aber in diesem Fall würde mich interessieren: Welches Gefühl löst mein Totsein bei Ihnen aus? Nachdenklichkeit? Bestürzung? Einen Hauch von Schmerz? Trauern Sie gar um mich und erwarten Sie, dass ich Sie tröste? Soll ich Ihnen Sachen sagen wie: »Wenigstens hat er endlich Ruhe vor sich selber.« Oder: »Er war alt genug.« Oder einen Witz erzählen, damit Sie auf andere Gedanken kommen? Ich finde, das geht zu weit. Was wollen Sie denn noch alles von mir? Reicht es nicht, wie sehr ich mich schon zum zweiten Mal damit abquäle, ein Buch SELBER zu schreiben?)

Natürlich war mein Todesschrei am Ende von *Feuersteins Reisen* nichts anderes als der Uralt-Trick aus der Klamottenkiste der Profis: ein *Cliffhanger*, der den Leuten vor Spannung den Atem aus der Lunge reißen und sie in fieberhafte Erwartung versetzen soll, was nun wohl kommen würde. Im Fernsehen kommt dann gewöhnlich die Werbung – und aus alter Gewohnheit kam diese auch prompt im Buch mit der soeben als dümmlich entlarvten Botschaft: Wer wissen will, ob Feuerstein überlebt hat, müsse sein nächstes Buch kaufen, *Feuersteins Reisen, Teil 2*, worin der Autor zusätzlich auch noch die Geheimnisse der restlichen fünf Schauplätze seiner Filme enthüllt: Hawaii, Ostafrika, Thailand, Schottland und New York. »Demnächst in diesem Verlag«, lautete der letzte Satz.

So. Und was ist, wenn der Autor keine Lust mehr hat?

Natürlich war es spannend gewesen, die ersten vier Stationen meiner Filmreihe anhand von Skizzen, Fotos und Drehplänen wieder in Erinnerung zu rufen, die Vorbereitungen, die Erwartungen, die wunderbare Welt des Reisens voll abgesagter Flüge, muffiger Hotels und akutem Durchfall. Der Weckruf meist noch vor dem Morgengrauen, damit man auch ja kein Quäntchen Tageslicht vergeudet, der sorgenvolle Blick aus dem Fenster, ob das Wetter stimmt, und die ewige Angst im Nacken, die vierzig Leerkassetten, mit denen wir gekommen waren, könnten beim Rückflug immer noch leer sein. Und dann das gemeinsame Frühstück zur nachtschlafenden Zeit, das den Speisesaal des Hotels in ein klösterliches Refektorium verwandelte: schlaftrunkene, schweigsame Mönche, die sich zum Tagewerk rüsten ...

Godehard Wolpers, der Regisseur und Produzent, saß immer schon als Erster da. Nie hatte ich ihn hereinkommen sehen, weshalb ich vermute, dass er die ganze Nacht über schon da gesessen hatte, teils aus Produzentengeiz, um das Zimmer zu sparen, teils aus praktischen Gründen, weil er kein Mensch ist, sondern ein Zombie und deshalb gar kein Zimmer braucht. (Falls Sie das nicht glauben, hier ein weiterer Beweis: Wolpers frühstückt nie und ist trotzdem zwei Meter groß. Das können nur Zombies und bestimmte Röhrenwürmer. Möglich natürlich, dass er ein Röhrenwurm ist, bei Produzenten weiß man nie. Und je mehr ich darüber nachdenke, desto überzeugter bin ich inzwischen von der naturwissenschaftlichen Variante. Er sieht ja auch aus wie ein Röhrenwurm.)

Erik Theisen, der schweigsame Tonmann und Ex-Friesenkämpfer, ist der Nächste. Er muss noch früher aufstehen als die andern, denn er ist für die Gerätschaft des Tages zuständig, für das Laden der Akkus über Nacht, für frische Batterien, leere Kassetten und das richtige Feinwerkzeug gegen den Erzfeind der Kinematografie: den Wackelkontakt. Erik ist nicht viel größer als ich, isst aber die zehnfache Menge und wird trotzdem nicht dick. Das ist das Geheimnis der Athleten: Sie verströmen allein durch ihr Aussehen so viel Kraft, dass die Kalorien gar keine Chance haben, sich in Fett zu verwandeln – sie wirbeln statt dessen unverbrannt durch die Luft und verwandeln sich in Pheromone, die andere Menschen entgegen allen Gesetzen der Ästhetik dazu zwingen, den Muskelprotz zu bewundern (wobei Frauen dafür deutlich weniger anfällig sind als Männer, egal ob hetero oder schwul; Frauen bevorzugen den Duft melancholischer Resignation, das Aroma tragischer Überlegenheit, jedenfalls die Frauen, die auf mich stehen – von den anderen weiß ich zu wenig, und die interessieren mich auch nicht). Immer wieder staunte ich jeden Morgen über Eriks gigantische Frühstücksmengen, zumal er schon am Vorabend alles vertilgt hatte, was wir anderen vom Abendbrot übrig ließen, und ich fragte mich, wie ein einziger Magen das alles verkraften kann. Aber vielleicht hat er vier Mägen, was ja auch begründen würde, dass er so wenig redet: Erik ist ein Wiederkäuer und muss seine Mundbewegungen für die Verdauung sparen.

Der Dritte am Frühstückstisch bin ich, als einziger stets blendend gelaunt, höflich, freundlich und voller Energie und Tatendrang – komisch, dass dies außer mir keiner bemerkt hat und sich niemand daran erinnern kann. Wahrscheinlich liegt das daran, dass ich nicht zu sehen bin, weil ich mich beim Frühstück mit Zeitungen einhülle – weniger aus Informationsbedürfnis als zur Abschirmung, damit ich nicht schon am frühen Morgen Wolpers anschauen muss.

Stephan Simon, der menschliche Teil unserer Kameraausrüstung, ist gewöhnlich der Letzte. Er hat den gesunden Schlaf der fünf Biere nach dem Abendbrot und braucht, wie jeder, der sein Tagewerk mit Absackern beendet, des Morgens viel Kaffee und Süßes. Die Kamera hat er auch am Frühstückstisch bei sich; sie muss immer in Sichtweite sein, wie bei eifersüchtigen Ehemännern die Gattin, die man ja auch nicht irgendwo abstellt, wo man sie nicht beobachten kann.

An dieser Stelle bricht Wolpers, der bis dahin die wohlverdiente Morgenmahlzeit von uns Werktätigen angewidert (aus der kulinarischen Sicht des Röhrenwurms) beobachtet hatte, gewöhnlich das Schweigen. »Guten Morgen, Leute«, beginnt er aufgesetzt fröhlich, aber keiner hört ihm zu. »Ich bin der Produzent, erinnert sich jemand?« Keinerlei Reaktion. Salz und Brötchen werden durch ihn hindurch gereicht, da wir ihn gar nicht wahrnehmen. Zum Glück ist er nicht lästig und gibt schnell auf. »Ich bin wirklich der Produzent«, murmelt er meistens noch, gewissermaßen als Versuch, sich das wenigstens selber einzureden. Dabei wirkt er so überzeugend wie der gefeuerte Trainer einer Abstiegsmannschaft beim Pausenstand 0:10. Trinkgelder, die er auf den Frühstückstisch gelegt hat, werden ihm von den Kellnern regelmäßig zurückgegeben.

Es folgt der Auftritt des Fahrers, um uns zum ersten Drehort abzuholen, sowie der örtlichen Aufnahmeleitung, letztere meist in Gestalt einer burschikosen Frau zwischen 30 und 40 mit Filmerfahrung und Partnerproblemen, die mich bei der Ankunft am Flughafen zwar herzlich begrüßt hat, aber mir spätestens nach dem dritten Drehtag den Tod wünscht. Sie präsentiert uns gewöhnlich die erste Krise des Tages: Der Pilot hat abgesagt, für die Teufelsaustreibung gibt's keine Drehgenehmigung, und der Rodeo-Stuntman hat ein Furunkel am Hintern – der gesamte Tagesdrehplan muss also geändert werden.

Die zweite Krise folgt auf dem Fuß: die Sitzverteilung im Kleinbus. Stephan, unser Auge, will natürlich dort sitzen, wo er den besten Blick über die Landschaft hat, um sofort »Stopp!« zu schreien, wenn ihm ein Drehort zusagt; dieser Platz kann vorne, hinten oder auf jeder Seite sein, je nachdem, wo die Landschaft gerade Lust zur Darstellung hat – was im Ergebnis bedeutet: Stephan sitzt auf alle Fälle falsch und muss deshalb ständig den Platz wechseln. Wolpers hat als verantwortlicher Produzent das gleiche Bedürfnis und will zumindest das sehen, was Stephan übersieht, was aber absolut nichts bringt, da der letztere niemals etwas drehen würde, das er nicht selber entdeckt hat ... da kann sich Wolpers die Lippen schaumig reden. Ich wiederum bestehe darauf, dort zu sitzen, wo Wolpers sitzen möchte, allein aus Gründen der Rangordnung. Letztere würde zwar erwarten lassen, dass ich vorne neben dem Fahrer sitze, doch steht dieser Platz sinnvollerweise der Aufnahmeleiterin zu, die ja für die Strecke verantwortlich ist – und nichts hasse ich mehr, als wenn Fahrer und Führer über meine Sitzreihe hinweg über die Fahrtroute streiten ... allein der viele Speichel, der dabei hin und her fliegt. Nur der Platz von Erik ist festgelegt: direkt an der Schiebetür, damit er schon draußen ist und das Stativ aufgebaut hat, bevor Stephan das Wort »Stopp« auch nur denkt.

Im Ergebnis sieht das so aus: Ich sitze ganz hinten, um meine Ruhe zu haben, aber nicht neben Wolpers. Stephan sitzt in der zweiten Reihe links, aber nicht neben Wolpers, weil neben Stephan immer die Kamera liegen muss. Erik sitzt an der Tür, aber nicht neben Wolpers, weil er Platz für das Stativ braucht. Und die Aufnahmeleiterin sitzt sowieso nicht neben Wolpers, weil sie neben dem Fahrer sitzen muss. Mit anderen Worten: Wolpers sitzt immer allein in einer eigenen Reihe. Ist keine solche vorhanden, liegt er hinten quer über dem Gepäck oder wird auf dem Dachträger festgezurrt.

Die Klimaanlage (an oder aus) bietet Anlass für die dritte Krise, die Fenster (auf oder zu) für die vierte, die Rauchpause (jetzt oder später) für die fünfte, und noch mal drei Krisen gehen auf das Konto des Musiksystems: ein oder stumm, Radio oder Kassette, laut oder leise. Mindestens acht Krisen also jeden Morgen, bevor wir auch nur einen einzigen Zentimeter gedreht haben.

Das hört sich im Rückblick ganz amüsant an, und ich

muss zugeben: Bei der Erinnerung an die einzelnen Drehtage kam mir tatsächlich häufig das Schmunzeln. Aber nur anfangs, bei den ersten fünf. Dann verging mir das Lachen. Ab der zehnten Erinnerung setzte Würgreiz ein, und ab der zwanzigsten waren nur noch Hassgefühle übrig, die mich dazu zwangen, auf der Stelle Wolpers anzurufen und zu beschimpfen. Auch nachts. (Auch jetzt schon wieder.)

Ich fasse zusammen: Fünfzig Tage behandelte das erste Buch, mal acht Morgenkrisen ... macht insgesamt 400 schon vor dem täglichen Drehbeginn, gefolgt von weiteren tausend während der Arbeit – und an jede einzelne musste ich mich beim Schreiben erinnern, zehntausend oder noch mehr insgesamt. Ist so etwas einem Menschen zumutbar? Ist das nicht Folter? Ein Fall für *Amnesty International*? In diesem Sinne frage ich Sie, liebe Leser, die Sie nach diesen wenigen Seiten vielleicht ein bisschen Sympathie für mich entwickelt haben: MUSS ICH MIR DAS ALLES FÜR DAS ZWEITE BUCH NOCH EINMAL ANTUN?

Schön, versprochen ist versprochen, und so steht es auch klar und eindeutig auf Seite 206 von *Feuersteins Reisen.* Aber wir wissen nur zu gut, wie das mit solchen Versprechen ist: Man macht sie aus der Emotion des Augenblicks heraus, aus Freude oder Angst, Überschwang oder Schuldgefühl, gesteuert von irgendwelchen lächerlichen, unkontrollierbaren Hormonausschüttungen. Naht dann die Zeit des Einlösens, beginnt der Konflikt: Der Zwang zur Erfüllung und die gleichzeitige Unlust geraten in immer heftigeren Widerstreit; der Leidensdruck wächst, man wird menschenscheu und mürrisch, bösartig verklemmt und mimosenhaft empfindlich, mit zunehmender krimineller Energie: eine Gefahr für Staat und Familie. Nur gut, dass ich immer schon so war, da sieht man wenigstens äußerlich nicht die Veränderung.

Aber innerlich bin ich längst ein Dampfkessel kurz vor der Explosion.

So geht das jetzt schon seit Wochen. Damit wir uns nicht missverstehen: Ich WILL mein Versprechen halten, ich WILL dieses Buch schreiben, aber gleichzeitig sträubt sich alles dagegen. Zwar versuche ich immer wieder, mich in die Stimmung von damals zu versetzen, am Ende des ersten Teils, als ich von der Idee der Fortsetzung so überzeugt und begeistert war: Ich staple Reiseführer auf dem Schreibtisch, krame das arabische *Dishdasha*-Hemd heraus und setze den Tropenhelm auf . . . nicht nur vergebens, sondern auch lächerlich. So läuft das ja auch bei vorausgeplanten Sexorgien: Man stellt sich das in der Fantasie ganz riesig vor, schraubt rote Glühbirnen ein und legt Handtücher bereit, und wenn dann alle da sind, diskutiert man über Tolstoi.

Ich habe mir daher einen Trick ausgedacht, um diesen Teufelskreis zu verlassen, eine Art Selbstbetrug, zugegeben, aber vielleicht geeignet, um doch noch den Einstieg in die Arbeit zu finden: Ich verzichte ganz einfach auf den zweiten Teil und mache statt dessen was völlig anderes. Nämlich ein Ersatz-Reisebuch, genau so, wie man eine Ersatz-Reise macht, wenn es mit dem ursprünglichen Ziel nicht hinhaut. Nach Sibirien zum Beispiel, falls Mallorca zu voll ist. Oder nach Ingolstadt, wenn New York auf Dauer zu langweilig wird.

Jawohl, das ist die Lösung: Ein Ersatz-Reisebuch, in dem ich endlich die Sachen von mir unterbringen kann, die zwar schon mal veröffentlicht, aber nie richtig gelesen wurden . . . wie zum Beispiel Beiträge für den ›Playboy‹, von dem keiner vermutet, dass da auch Texte drin stehen; oder für private Radiosender, bei denen niemand bemerkt, dass zwischen der Musik zusammenhängende Sätze vorkommen; oder für die Reisebeilage von Tageszeitungen, die man zur Seite legt, um sie später in aller Ruhe zu genießen – und dann erst wieder in drei Jahren entdeckt, auf dem Weg zum Altpapier-Container. Mit diesem Zeug ist schon mal die Grundlage da, auf der ich aufbauen kann; der *horror vacui*, das Gespenst des leeren Blattes, ist gebannt.

Natürlich werde ich auch mein Versprechen einlösen und über die restlichen fünf Stationen meiner Reisefilme berichten. Nicht so ausführlich wie beim ersten Mal, sondern gerafft, konzentriert und »auf den Punkt«, wie Redakteure immer sagen, wenn sie vom abgelieferten Beitrag die Hälfte gestrichen haben. Also durchaus zum Wohle des Lesers: »Noch mehr Dichte zum gleichen Preis«, könnte der Verleger auf den Umschlag schreiben und dem Leser überlassen, ob er darunter die Masse der Raumeinheit meines Stoffes meint oder das neudeutsche Wort für Dichtkunst. Wobei natürlich offen bleibt, ob mir das gelingt – wie jeder anzweifeln wird, der je meine stundenlangen Abschweifungen bei der kleinsten Frage ertragen musste.

Bliebe die Frage: Will das überhaupt jemand wissen? Interessiert sich noch jemand für diesen zweiten Teil? Aber die ziehe ich gleich wieder zurück, denn sie ist zu gefährlich. Womöglich stellt sich heraus, dass ich mit meinem Anliegen wieder mal völlig allein bin . . . kenne ich vom Sex.

Viel wichtiger ist hingegen eine andere: Haben Sie *Feuersteins Reisen* gelesen? Denn damit das von vornherein klar ist: Der zweite Teil ohne den ersten ist sinnlos und erzeugt nur Verwirrung – damit schaden wir uns gegenseitig. Und damit es in diesem Punkt kein Missverständnis gibt, teile ich Ihnen in aller Form schriftlich – und damit rechtsverbindlich – mit: DAS WEITERLESEN IST NUR PERSONEN GESTATTET, DIE AUCH ***FEUERSTEINS REISEN*** KEN-

NEN. Das kann ich so anordnen, denn dieses Buch ist mein Eigentum; der Kauf ist nur so eine Art Miete, er berechtigt Sie lediglich zum physischen Besitz.

Nun können Sie natürlich sagen: »Leck mich am Arsch, Feuerstein!« und meine Verfügung ignorieren, so ähnlich wie am Baggersee, wo BADEN VERBOTEN steht. Sie spüren vielleicht einen gewissen prickelnden Reiz, wenn Sie es trotzdem tun. Aber wenn Sie dabei ertrinken, lächelt die Umwelt nur schadenfroh, und in der Zeitung steht am nächsten Tag »Selber schuld«. Deshalb sollten Sie auf mich hören, bevor es zu spät ist. Ich meine es ja nur gut.

So, und jetzt fange ich an. Diese Ausrede hinterlege ich versiegelt beim Notar, mit der Anweisung, sie ohne Möglichkeit meiner Korrektur direkt dem Verleger zu übergeben, sobald der Rest fertig ist, als Protokoll eines Experiments: Was kommt raus, wenn man mit der Last des Widerwillens an eine Sache herangeht, die man sich im Überschwang eingebrockt hat; was entsteht, wenn man mit Ekelmiene, gespreizten Zehen und hängenden Schultern am Schreibtisch sitzt, wie Wolpers jeden Morgen beim Frühstück vor dem Dreh.

Ich bin jetzt richtig aufgeregt, mit Herzklopfen und so. Wahrscheinlich steigt auch der Blutdruck, und ich werde gleich nachmessen (ich habe ein elektronisches Tischgerät, das den Vorteil hat, hintereinander die verschiedensten Werte anzuzeigen . . . man kann sich dann den niedrigsten aussuchen). Und damit sind wir wieder beim Thema: Ob ich schon tot bin, wenn es bei Ihnen JETZT ist?

Wenn ja, haben Sie nichts verpasst. Denn dann gibt es das Buch gar nicht, und Sie haben das alles nicht gelesen. Außer Dolly Buster schreibt es für mich.

SIEBEN REISETIPPS

1\.
Glauben Sie kein Wort, wenn einer behauptet, er kenne die schönsten Ecken der Welt. Der Typ ist eindeutig ein Aufschneider – denn die Welt ist rund und hat gar keine Ecken.

2\.
Sie sind ein Single mit wenig Geld, aber großer Sehnsucht nach neuen Begegnungen, enger Berührung und liebkosenden Händen? Dann kaufen Sie sich das billigste Ticket für die billigste Flugstrecke und gehen damit durch die Sicherheitsschleuse auf dem Flughafen . . . zum Abtasten. Immer wieder und immer wieder. Schließen Sie die Augen und träumen Sie von Palmen und Meer, wenn warme, suchende Hände über Ihren Körper kriechen. Und wer weiß, vielleicht macht es PIEP im Metalldetektor, und Sie dürfen mit Ihrem Lieblings-Sicherheitsbeamten zum Ausziehen in die Kabine.

3\.
Sie brauchen es nicht zuzugeben, aber es KÖNNTE ja sein, dass der kommende Urlaubsflug Ihre erste Flugreise überhaupt ist. Die folgenden Ratschläge werden Ihnen helfen, diese peinliche Unerfahrenheit vor den Mitpassagieren geschickt zu verbergen. Erstens: Brüllen Sie niemals »Zahlen!« wenn im Flugzeug das Essen abgeräumt wird, und werfen Sie den Piloten kein Trinkgeld ins Cockpit. Zweitens: Ja, Sie

können gefahrlos das Bordklo benutzen, denn im Unterschied zur Eisenbahn ist es unten nicht offen. Und drittens, das Wichtigste: Versuchen Sie nie, das Flugzeugfenster runterzukurbeln; das geht gar nicht und wäre zudem eine schlechte Idee, da Zugluft von minus 50 Grad ausgesprochen ungesund ist.

4.

Verschmutztes Meerwasser am Urlaubsort kann die Stimmung total verhageln. Das Meer an Ort und Stelle zu reinigen, überfordert die Möglichkeiten selbst des saubersten Deutschen. Am besten also, Sie gewöhnen sich schon zu Hause an das, was Sie erwartet: Steigen Sie immer erst NACH Ihren Kindern in die Badewanne, ohne das Wasser zu wechseln ... dann kennen Sie schon mal die trübe graue Brühe, die Sie auch am Urlaubsort wiederfinden werden. Und wenn Sie sich wie ein Profi vorbereiten wollen, kippen Sie zusätzlich zum Badesalz auch noch das Altöl Ihres Autos mit dazu – und schon spüren Sie am ganzen Körper dieses gewisse Strandgefühl ... und riechen es auch!

5.

Eine wichtige Voraussetzung für einen gelungenen Urlaub ist die Frage: Wieviel Gepäck nehme ich mit? Bei Flugreisen lautet die magische Zahl 20 – und damit sind KILO gemeint, nicht Koffer. Reisegepäck ist für mich der Maßstab dafür, was man benötigt. Adam hatte auch nur ein Feigenblatt dabei, und nicht mal das brauchte er im Paradies.

6.
»Jet Lag«, die hässliche Reisekrankheit, wenn die innere Uhr so ganz anders geht als die Ortszeit und um drei Uhr morgens der gewaltige Hunger zuschlägt, oder der Tiefschlaf zur schönsten Badezeit. Da hilft nur, sich rechtzeitig auf die neue Zeit umzustellen ... zum Beispiel, indem Sie sich weigern, das Ende der Sommerzeit anzuerkennen, und schon ist eine Stunde gewonnen. Freilich bringt das nicht viel in der Karibik, denn hier kann der Unterschied schon mal sechs Stunden betragen. Deshalb das Motto in den letzten Wochen vor Reisebeginn: Gewöhnen Sie sich rechtzeitig an die neue Zeit und kommen Sie täglich sechs Stunden später zur Arbeit. Wenn das dem Chef nicht passt, wird Ihr Urlaub dadurch nicht nur schöner, sondern auch unbegrenzt lang!

7.
Falls Sie ungern alleine verreisen, prüfen Sie sorgfältig, mit WEM Sie fahren, denn nichts ist unangenehmer als Freunde, die einen in der Fremde hängen lassen – vor allem in Ländern, in denen es die Todesstrafe gibt. Denn auf dem Galgen zu enden, ist erstens ziemlich unschön und zweitens eine Geldverschwendung – weil dann auch Ihr unbenutztes Rückreise-Ticket verfällt.

HAWAII

Der Hacker-Angriff

Um die Antwort auf die am häufigsten gestellte Frage vorwegzunehmen und damit einen zügigen und störungsfreien Ablauf für den Rest des Buches zu gewährleisten: Jawohl, Godehard Wolpers, der Produzent und Regisseur, hat mich auch auf dieser Reise zu töten versucht. Ebenso wie auf allen folgenden.

Vielleicht erinnern Sie sich noch an sein allererstes Attentat in Alaska, wo er mich von Riesenmücken totstechen lassen wollte: Das dumme, primitive Werk eines blutigen Anfängers im wahrsten Sinn des Wortes – denn zerstochen wurde in erster Linie er selbst. Im Vergleich damit war sein zweiter Versuch, als er mehrere drei Meter große Kodiak-Bären auf mich hetzte, schon wesentlich eindrucksvoller, und der dritte, mich auf einem abgelegenen Gletscher auszusetzen, der eben dabei war, in sich zusammenzufallen, geradezu genial.

Auf den folgenden Reisen steigerte er sich weiter: Auf einer Südseeinsel stellte er mich an den Rand eines Vulkankraters, der alle 80 Sekunden Feuer und Asche spie, mit dem Auftrag, 90 Sekunden lang in die Kamera zu sprechen, und bot mich danach, als ich zum Erstaunen der einheimischen Bevölkerung überlebte und seither dort als Gott gelte, auf der Weiterfahrt Haien zum Fraße an.

In Arabien gingen Wolpers allmählich die Ideen aus, und er versuchte es mit dem banalsten aller Klischees: Wasserlos ließ er mich in der Wüste zurück, ohne zu ahnen, dass ich die Trockenstarre beherrsche, jenen Zustand zwischen Leben und Tod, mit dem Mikroorganismen Jahrmillionen überdauern, angeblich sogar Reisen durch das All. Und in

Mexiko schließlich zwang er mich, in 3000 Meter Höhe mit einem betrunkenen, wahnsinnigen Indianer Fußball zu spielen – mit einem Felsen als Ball –, und weil ich zäh bin und davon nur Herzkrämpfe und ein Lungenödem bekam, heuerte er anschließend einen Hubschrauber, der mich mittels Rotorkraft vom Nationaldenkmal Mexikos, der Sonnenpyramide von Teotihuacan, 200 Meter in die Tiefe wirbeln sollte.

Auf Hawaii, unserem fünften Reiseziel, zeigte Wolpers plötzlich Witz und Originalität, wie ich es gar nicht von ihm erwartet hätte: Papageien sollten mich dort zu Tode hacken.

Entlang der Strandpromenade von Waikiki, dem Sand gewordenen Urlaubstraum amerikanischer Buchhalter, haben Fotografen zwischen den Hotels ihre Stative aufgebaut und bieten den Touristen Beweismaterial an, dass sie tatsächlich hier gewesen sind: Buchhalter mit Papagei und Palme, Honolulu im Hintergrund, fünf Dollar das erste Bild, drei jedes weitere.

Wie Geier auf dem Galgenbaum hocken die Vögel auf den Fotografierkästen und beschimpfen jeden, der nicht stehen bleibt. Wenn einer dann doch stehen bleibt, fangen sie richtig an zu zetern: *»Jerk!«* und *»Ass hole!«*, Wichser und Arschloch, sind noch ihre höflichsten Ausdrücke. Das ist kein Wunder, denn wie jeder, der in einem Urlaubsparadies arbeiten muss, hassen sie ihren Job. Er ist ja auch ebenso armselig wie demütigend: Statt über den Quellen des Amazonas zu flattern und das Gebrüll des Jaguars nachzuahmen, um die Nachbarschaft einzuschüchtern, müssen sie sich auf wabblige, nach ranziger Sonnencreme muffende Buchhalterschultern hocken und niedlich gucken ... für einen lächerlichen Cracker, aus verschwitzten Pfoten noch dazu. Wenn das nicht Hass erzeugt? Dazu kommt, dass die

Vögel genau spüren, wie sehr Fotografen ihre Modelle verachten; sie schließen sich diesem Gefühl ihrer Arbeitgeber nicht nur an, sondern sprechen in tierischer Unschuld offen aus, was dieser denkt. Wie gern würde auch jeder Pressefotograf lieber »Wichser!« und »Arschloch!« brüllen statt »Hierher gucken!« und »Bitte freundlich!«.

Während Stephan und Erik die Kamera einrichteten, war Wolpers verschwunden. Vorher hatte er mir aufgetragen, einen Text vorzubereiten, ein kleines Stimmungsbild über Hawaiis einzigartige Ökologie. Da gibt es in der Tat einiges zu sagen, denn die Kette aus mehr als hundert Inseln entstand mitten im Ozean durch vulkanische Eruptionen buchstäblich aus dem Nichts, vor gar nicht so langer Zeit, aus der Sicht von uns Wissenschaftlern: Vor 50 Millionen Jahren begann es auf dem Meeresgrund zu brodeln, vor 25 Millionen Jahren erschien das erste Stück Land über der Wasseroberfläche, und heute brodelt es immer noch: Knapp 30 Kilometer südöstlich der größten Hawaii-Insel wächst eine neue heran. Zwar liegt sie noch tausend Meter unter dem Meeresspiegel, und bis man sie zu sehen kriegt, werden noch gut 20 000 Jahre vergehen, aber für Grundstücksspekulanten, die bekanntlich weit vorausplanen, ist das ein Klacks. Deshalb hat die Zukunftsinsel auch schon einen Namen: »Loihi«.

Weil das nächste Festland fast 5000 Kilometer entfernt ist, entwickelte sich auf den Inseln das Leben nur langsam und karg, aber doch vielfältig in seiner Kargheit. Einheimische Säugetiere gibt es nur zwei: eine Fledermausart und die einzigartige – und wie alles Einzigartige natürlich vom Aussterben bedroht – Mönchsrobbe. Das ist das alte Problem ökologischer Nischen: Sobald die Außenwelt Zugang zu ihnen gefunden hat, ist das Vorhandene schutzlos und wird verdrängt. Hawaiis Pflanzenwelt zum Beispiel. Mangels Tierfraß gab es hier weder Stacheln noch Dornen, aber weniger als fünf Prozent der Landfläche sind heute noch im ursprünglichen Zustand. Größter Zerstörer war das Hausschwein, das die Polynesier vor wenigen hundert Jahren auf die Inseln gebracht hatten und das inzwischen zu einer alles fressenden, alles vernichtenden Landplage von 100 000 Wildschweinen geworden ist.

Über 50 000 Pflanzenarten soll es einst auf Hawaii gegeben haben, 2600 sind heute noch übrig, also gerade mal fünf Prozent – und auch davon ist ein Drittel vom Aussterben bedroht. Und von den ehemals siebzig Vogelarten sehen nur zwanzig einer einigermaßen gesicherten Zukunft entgegen. Daran sind die europäischen Kolonialisten ausnahmsweise unschuldig, das haben sich die Hawaiianer selber eingebrockt. Denn da die traditionellen Königsroben ausschließlich aus Vogelfedern bestanden, haben sie alles Buntfedrige buchstäblich in die Vernichtung gerupft. Papageien hätten deshalb auf diesen Inseln niemals eine Chance gehabt, selbst wenn sie hier heimisch gewesen wären. Waren sie aber nicht. Sie wurden erst von den Europäern angeschleppt. Wie zum Beispiel von Wolpers.

Als Wolpers wiederkam, war er in Begleitung mehrerer Fotografen – mit insgesamt sechs Papageien, die sofort »Wichser« und »Arschloch« schrien, als sie mich sahen, was mich wunderte, weil man mir sonst so was erst nachsagt, wenn man mich ein Weilchen kennt. Aber wahrscheinlich hatte Wolpers sie unterwegs schon aufgehetzt. »Die tun nix!« rief er von weitem, die berühmten letzten Worte vor der Begegnung mit Kampfhunden. Und ich erkannte sofort: Das waren mehr als die üblichen Touristenschmäher. Das waren Killer.

Ausgemacht war, dass Wolpers einen einzigen dieser Foto-Vögel besorgen würde, der dann stimmungsvoll auf meiner Schulter sitzen sollte, während ich meinen Naturaufsager in die Kamera ablieferte. Einen handzahmen, friedlichen Papagei. Nicht sechs boshafte, sadistische Raubtiere, von denen Alfred Hitchcock nur träumen konnte. Niemals hätte ich so etwas zugelassen!

Gewöhnlich komme ich mit den gefiederten Freunden aus Wiese und Wald recht gut zurecht, wie meine liebe Frau, die ihren goldenen Käfig mit zwei Wellensittichen teilt, jederzeit bestätigen wird. Das gilt für meinen Umgang mit allen Tieren: Ich bin respektvoll und unaufdringlich, und versuche die Annäherung behutsam, indem ich mich genauso verhalte wie sie selber.

Das tat ich auch bei den sechs Papageien: Ich sprach sie meinerseits mit »Wichser« und »Arschloch« an – was mir ganz locker von den Lippen ging, weil ich ja Wolpers dabei anschauen konnte –, doch schuf das keineswegs die erhoffte Kumpanei der Meinungsgleichheit zwischen mir und den Vögeln. Im Gegenteil: Ihr Krächzen wurde noch ein paar Grade hysterischer. Aber noch lauter war Wolpers, der auf mich einredete wie ein Falschspieler, bei dem man gerade ein fünftes Ass im Ärmel entdeckt hat: Wie toll und lustig das doch aussehen würde, wenn ich über die Wunder der Natur redete, während sechs bunt gefiederte Aras mein edles Antlitz rahmten, wie dramatisch und stimmig noch dazu, das könne kein anderer! Keiner von den andern Giganten des Bildschirms würde sich so was trauen, nicht mal Max Schautzer.

Weil ich eitel bin und auf jede Schmeichelei reinfalle, stimmte ich zu. Wolpers, der selber immer einen Abstand von mindestens zwei Metern zu den Vögeln hielt, wies ihre

Besitzer an, mich zu drapieren: Je ein Papagei kam auf die Schultern, zwei weitere wurden auf die angewinkelten Ellbogen gesetzt, die restlichen auf meine Hände.

Mein Vorhaben, die ökologischen Besonderheiten Hawaiis in ein paar Sätze zu fassen, war in der Ausführung nicht ganz einfach. Denn einerseits habe ich den Ehrgeiz, so was auswendig abzuliefern, da in einer »spontanen« Reportage nichts armseliger wirkt als ein abgelesener Text. Andererseits müsste man ein buddhistischer Zen-Meister sein, um mit sechs Kampfvögeln am Leib Konzentration und Gelassenheit zu bewahren, zumal der Inhalt meiner Botschaft nicht unkompliziert war.

Und so kam es denn auch: Mehrfach verlor ich den Faden, redete noch mehr Müll als sonst und musste immer wieder neu anfangen, da eine solche Szene, um authentisch zu wirken, aus einem Stück sein muss, ohne Schnitt. Als weitere Erschwernis kam hinzu, dass sich rund um uns ein Kreis von Zuschauern gebildet hatte, hauptsächlich Japaner, die hier die touristische Mehrheit bilden und Hawaii genauso in Besitz genommen haben wie wir Deutsche Mallorca. Da sie nur sahen, was sich hier abspielte, aber kein Wort meines wissenschaftlichen Textes verstanden, redeten sie laut und unbefangen drein.

Das ist ein altes Problem bei der Kameraarbeit im Ausland: Während zu Hause die Gaffer entweder fasziniert zuhören oder sich gähnend trollen, ist es unter Fremdsprachigen so gut wie unmöglich, die nötige Ruhe für einen störungsfreien Ablauf zu erzeugen. Denn wer nichts versteht, geht in aller Unschuld davon aus, dass es dem Rest der Menschheit genauso geht – es gibt also keinen Grund, leise zu sein oder Abstand zu halten. Also wird gelärmt und gelacht, durchs Bild gelaufen und die Kamera blockiert. In unserem Fall sah das so aus, dass sich immer wieder grinsende Japaner neben mich und die Vögel stellten, für einen Schnappschuss, damit die Leute zu Hause sehen, was für Irre es auf dieser Welt gibt. Ein Aufnahmeleiter, der hier die Autorität der Kamera ausspielen wollte oder sich gar zu Drohgebärden hinreißen ließe, würde verlacht werden oder riskierte eine aufs Maul.

Während die Japaner meinem Text nur mit lärmender Interesselosigkeit begegneten, schienen die Vögel auch am Inhalt Anstoß zu nehmen. Sie verhöhnten mich, weil ich immer wieder neu anfangen musste, sie machten textliche Verbesserungsvorschläge, und als ich sagte, dass Papageien in Hawaii gar nicht heimisch sind, wurden sie böse. Erst zupfte der eine so lange an meiner Mütze, bis sie runterfiel, dann riss mir der nächste die Brille von der Nase. Ein dritter zerfetzte den Ärmel, der vierte schiss mir auf die Hand. Dann artete das Ganze aus: Der linke Schultervogel biss mich ins Ohr, was der rechte so gut fand, dass er mir mehrere Haare ausriss und dazu auch noch »Wichser!« schrie.

Die Papageien-Herrchen erkannten mit geschultem Blick die Lebensgefahr, in der ich schwebte, und wollten mir zu Hilfe eilen, aber Wolpers hielt sie zurück. Er strahlte, wie ich ihn nie hatte strahlen sehen: Es war der Dreh seines Lebens. Erst als der Ohrenbeißer ansetzte, mir auch die Augen auszuhacken, und ein New Yorker Anwalt, der sich zufällig in der Menge der Gaffer befand, mit seiner Visitenkarte wedelte, um mir seine Dienste beim zu erwartenden Schadensprozess anzubieten, rangen sich die Vogelmenschen von Wolpers los und rissen mir die sechs Bestien vom Leib.

Natürlich lache ich heute darüber, wie jeder Überlebende lacht, wenn das Krokodil vorbeigebissen hat. Darüber hinaus bin ich fast sogar dankbar für dieses Erlebnis, denn es war ein Lehrstück der Konzentration: Textbewältigung unter Lebensgefahr, vielleicht ein neues Unterrichtsfach in Kommunikationswissenschaft? Unis, meldet euch bei mir.

Sehnsucht nach Kiemen

Egal, in welche Richtung man auf einer Insel losmarschiert, man endet immer am Meer. Das gilt zwar letzten Endes auch für das Festland, aber da ist der Weg meist etwas weiter.

Aus dem Wasser sind die Haiwaii-Inseln aufgetaucht, Wasser prägt ihre Landschaft, am Wasser kommt man also nicht vorbei, und das ist mein Problem. Denn ich mag das Wasser nicht, wie schon mehrfach bekundet. Ich bin wahrscheinlich der einzige Mensch, der nur deshalb lieber duscht, weil er in der Badewanne seekrank wird. Bei einem Wort wie »surfen« muss ich mich sofort setzen, damit ich nicht ohnmächtig werde.

Rund um Hawaii haben die Wellen mehrere tausend Kilometer Platz, um so richtig Anlauf zu nehmen. Sechs Meter steigen sie in den Wintermonaten hoch, bevor sie auf den Strand klatschen, so genannte »Monsterwellen« erreichen sogar zehn Meter, die lichte Höhe von sechs Feuersteins. Ein einziger Feuerstein hat deshalb an solchen Stränden nichts verloren.

Es gibt erstaunlich viele Wahnsinnige, die völlig anderer Meinung sind. Entspannt hocken sie an der Sunset Beach im Norden von Oahu im Sand, spazieren gelassen durch die

Gegend, dösen in Liegestühlen – doch dann heult plötzlich eine Sirene auf, und alles rennt los. Aber nicht in Richtung Land, wie es die Vernunft geböte, sondern ins Wasser. Mit Surfbrettern unter den Armen. *»Surf's in!«* verkündet die Sirene, das Signal, dass die ideale Wellenhöhe für den Selbstmord erreicht ist.

»Sport der Könige« wird das hawaiianische Wellenreiten genannt, weil es einst den lokalen Herrschern vorbehalten war, belegt seit dem 15. Jahrhundert. Das Schweben auf den Wassern galt für die als Götter angesehenen Monarchen als mystische Meditation, vererbt von Vater auf Sohn. Ich habe noch das »Ahnenbuch« meines Vaters aus der Nazizeit, worin der Stammbaum unserer »Sippe« zum rassereinheitlichen Nachweis zurückverfolgt wurde, ebenfalls bis ins 15. Jahrhundert. Daher weiß ich: Es befinden sich zwar massenhaft Krieger unter meinen Ahnen, und auch ein paar Landstreicher, aber kein einziger König. Es besteht also weder genetische noch göttliche Verpflichtung für mich, das Wasser zu mögen.

Es gibt noch einen weiteren Grund, warum ich das Wasser meide: *Surfer's Ear*, die unheimliche Ohrenkrankheit der Wellenreiter.

Ich hatte schon vor Jahren im Magazin der ›Süddeutschen‹ darüber gelesen: Bei Langzeit-Surfern findet im Gehörgang eine merkwürdige Veränderung statt, eine Verknöcherung, die das Ohr zu schließen droht und komplizierte Bohrungen erforderlich macht, um das Trommelfell wieder freizulegen. Einer kühnen Theorie zufolge ist das die Antwort der Natur auf den Dauerkontakt mit Wasser, eine Art Evolution, allerdings in die falsche Richtung: In der embryonalen Entwicklung des Menschen bildet sich für kurze Zeit eine Kiemenspalte aus, in Erinnerung an einen unserer vielen tierischen Vorfahren, den Lurch; doch schließt sie sich bald wieder und wird durch den Gehörapparat ersetzt. Bei Surfern verläuft das offenbar umgekehrt: Der Körper will, vom Wasser verlockt, das Ohr wieder loswerden, und hat Sehnsucht nach Kiemen.

Am Strand von Waikiki traf ich eine Surfer-Legende, weit über siebzig, klein, zäh und lederhäutig, mit Algen im schneeweißen Haar. Alle Welt kennt ihn unter dem Spitznamen *Rabbit*, was man wahlweise als »Hase« (weil er so flink ist) oder als »Rammler« (weil er so spitz ist) übersetzen kann. Er ist immer noch hoch aktiv und tagtäglich im Einsatz als Surfer, angeblich auch als Rammler.

Ich bat Rabbit um Erlaubnis, in sein Ohr schauen zu dürfen . . . und tatsächlich: Es war das Minimodell einer Tropfsteingrotte samt Stalagmiten und Stalaktiten, gelb gekachelt mit kristallinem Ohrenschmalz. (Wir wissen natürlich: Stalagtiten sind die Zapfen, die von oben runterhängen, Stalakmiten die Erhebungen, die von unten nach oben wachsen, und falls Sie es nicht wussten, es gibt einen primitiven, sexistischen, aber im Grunde logischen Geologen-Merksatz: »Es hängen die Titten – er steht in der Mitten.«) Sie sehen also, wie klug es ist, das Wasser zu meiden. Will ich ein Lurch werden? Ich habe genug Probleme als Rammler.

Aus makabrer Neugier habe ich mir natürlich nicht entgehen lassen, einen halben Tag lang zuzusehen, wie diese Irren den Wellen entgegenrennen, sich von ihnen hochschleudern lassen, an den haushohen Wasserwänden entlanggleiten, bis diese über ihnen tonnenschwer zusammenschlagen, und wie sie darunter verschwinden, um dann ganz woanders wieder aufzutauchen . . . wenn überhaupt. Aber das habe ich aus sicherer Distanz gemacht, durch ein starkes Fernglas, von der Dachterrasse eines Hotels. Denn es gibt

Traumziel Hawaii, Insel der Glückseligen, das Paradies auf Erden. Aber dann kam Wolpers mit dem Fotoapparat. Wenn er durch den Sucher schaut, verzerrt sich sein Gesicht zu einer unerträglichen Grimasse. Gut, dass Sie das nicht sehen können. Aber ich sehe es gerade.

»Die Vögel«, Teil 2: Noch habe ich Brille, Hut und beide Ohren. Ornithologen erkennen aber, dass der gelb-blaue Kampfvogel links, angefeuert von der roten Bestie daneben, gleich loshacken wird.

Lassen Sie sich nicht vom Mädchen ablenken: Körperteile, die die Vögel verschonten, werden jetzt von einem Delphin angegriffen.

Das ist keine Schutzkleidung gegen Papageien und Delphine, sondern das, was Wolpers für einen Astronautenanzug hält, passend für die Mondlandschaft des Mauna-Kea-Vulkans. Was Wolpers nicht weiß: In dem Anzug befindet sich auch das Mädchen von nebenan.

SO BETRÜGT UNS DAS FERNSEHEN:

Das bin ich.

Das bin auch ich.

Aber das bin ich nicht.

Das ist Erik Theisen, unser Tonmann, der mit Hilfe meiner Brille so aussieht wie ich. Er hat mich gedoubelt, weil ich mich weigerte, durch die giftigen Schwefeldämpfe des Kilauea-Vulkans zu wandern. Erik hingegen behauptet, dass ihm so was nichts ausmacht. Er hat sich aber geweigert, beim Schottland-Film mitzuarbeiten. Ob es ihm vielleicht doch was ausgemacht hat?

WAS IST DAS?

a) Eine Wasserleiche.

b) Eine Moorleiche.

c) Stephan Simon, unser Kameramann.

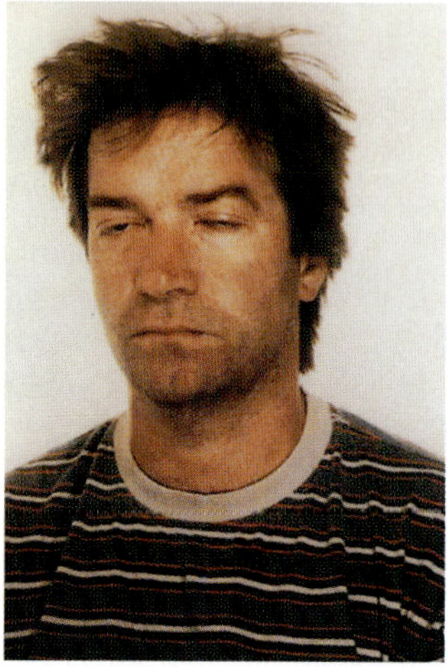

Es ist Stephan Simon, unser Kameramann, der die Frechheit hatte, mit diesem Bild ein Visum für die Arabischen Emirate zu beantragen und er hat es bekommen!

Mein Team vor dem Abtauchen im U-Boot (v.l.): Stephan, der seine Kamera (außerhalb des Bildes) nicht aus den Augen lässt; Aufnahmeleiterin Marilyn Mick und Erik, die schon wieder hinter meinem Rücken Händchen halten, und Wolpers, der seine Ohren an der Brille festgebunden hat, damit er besser hören kann.

Mein erstes Hochzeitsfoto aus dem Jahre 1960. Pearl, die ich seit dreißig Jahren vergeblich suche, wird wohl inzwischen ein wenig älter geworden sein, ich hingegen, wie Sie im unteren Bild sehen...

... habe mich überhaupt nicht verändert. Die Mädels ringsherum sind übrigens keine weiteren Ehefrauen, sondern die Sängerinnen der heißblütigen Hula-Show im Kodiak-Stadion von Honolulu.

Das ist nicht mehr Hawaii, sondern bereits Grönland, und das ist gut so, denn für Hawaii wäre es hier viel zu kalt.

Und so sehen die Menschen aus, die in Grönland bei minus 30 Grad in einem offenen Boot sitzen.

noch weit Schlimmeres als die sechs Feuerstein großen Monsterwellen: die *Tsunamis*, dreimal so hoch und tausendmal so mächtig, die todbringenden Riesenfluten als Folge von Seebeben am Meeresgrund. Zweimal im letzten Jahrhundert, 1946 und 1960, wurde die Stadt Hilo auf der großen Vulkaninsel im Süden überrollt, völlig überraschend und ohne jede Vorwarnung. Grau und ruhig soll das Meer vorher ausgesehen haben, nur merkwürdig höher als sonst – und dann plötzlich ein seltsames Brausen, das in Sekundenschnelle zum ohrenbetäubenden Tosen anwuchs – die Überlebenden beschreiben es als »unwirklich« und »außerirdisch« –, und schon war die halbe Stadt verschwunden. Heute gibt es zwar angeblich ein verlässliches Vorhersage- und Alarmsystem, aber ich frage mich, wie das funktionieren soll, wenn die Leute gewohnt sind, bei jedem Sirenengeheul in die falsche Richtung zu rennen?

Es war also klar: Am Wasser kommt man hier wirklich nicht vorbei, und wenn man es versucht, läuft einem das Wasser nach. Wolpers war daher stumm vor Erstaunen, als ich widerspruchslos einwilligte, dass als Nächstes eine Schiffsfahrt stattfinden sollte. Er hatte das Übliche erwartet: stundenlangen Streit, wüste Beschimpfungen und Androhung der sofortigen Abreise, aber ich seufzte nur, steckte mein Fernglas ein, stieg die Dachterrasse des Hotels hinunter und ergab mich in mein Schicksal.

Schiffeversenken

Natürlich hatte Wolpers gelogen. Es war nicht EINE Schiffsreise, es waren DREI. Und alle auf Schwimmkörpern, die ich bisher noch nie betreten hatte: ein Kriegsschiff, ein Unterseeboot und – schrecklichster aller Albträume – eine Segeljacht.

Dass sich die Menschheit seit der Erfindung des Dieselmotors immer noch mit dem Wind abquält, ist mir ohnehin Rätsel genug; dass sich aber erwachsene Leute tagelang vom Salzwasser die Haut von den Knochen ätzen lassen und an Tauen zerren, bis die Hände bluten, und sich dabei zusätzlich auch noch anbrüllen, beweist mir, dass die alten Pharaonen gar nicht so Unrecht hatten: Wenn Menschen so viel Spaß daran haben, sich freiwillig zu schinden, können sie gleich auch ein paar Pyramiden bauen ...

Wolpers hatte einen richtigen Segeltörn organisiert, vom Jachthafen von Honolulu aus weit hinein in den Kaiwi-Kanal, der die Inseln Oahu und Molokai voneinander trennt. Ganz anders, als es sonst seine Art war, lachte und scherzte er bereits beim Frühstück, denn er hatte gemerkt, dass ich vor Angst die ganze Nacht nicht geschlafen hatte, und hoffte deshalb auf meinen Herztod vor laufender Kamera.

Unter »Segeljacht« hatte ich mir natürlich einen dieser edlen Schicki-Eimer vorgestellt: Fiberglas, Radar, mehrere Hilfsmotoren und eine luxuriöse Rettungskapsel ausschließlich für mich. Aber Wolpers bestand auf einem Holzboot traditioneller Bauart, »aus optischen Gründen«, was in der Produzentensprache heißt: »das billigste, was aufzutreiben ist«. Nach langen Telefonaten schien er es gefunden zu haben. Im *Sailing Club* würde uns Richard, der Skipper, erwarten.

Das Clubhaus bestand hauptsächlich aus einer riesigen Bar, üppig dekoriert mit Seglerramsch aus allen sieben Weltmeeren und trotz der Morgenstunden schon bestens besucht. Sofort umbrandete uns amerikanische Herzlichkeit mit Schulterklopfen und unzähligen Vornamen. Bier wurde angeboten, und die ersten Beachboys versuchten bereits, der blonden Marilyn Mick, unserer Aufnahmeleiterin in Hawaii, die Telefonnummer zu entlocken. Da machte ich den Fehler, nach Richard zu fragen, den Kapitän unserer Segeljacht.

Schlagartig wurde es stumm im ganzen Raum. Ausgestreckte Hände wurden wieder eingezogen, Blicke senkten sich, sogar das Licht schien sich zu verändern. Plötzlich standen wir allein am Tresen, die anderen hatten sich an ihre Tische verzogen oder standen tuschelnd an der Wand, mit dem Rücken zu uns. Hörte ich unterdrücktes Kichern?

Nach einer ratlosen Weile wurde uns eine Botschaft überbracht: Richard habe ein kleines Problem mit dem Motor, die Abfahrt könne sich leicht verzögern, er werde uns aber auf dem Laufenden halten – kenne ich von der Lufthansa: Gewöhnlich sitzt man dann den Rest des Tages in der Abflughalle. Mir war das natürlich nicht unlieb, im Gegenteil: In mir wuchs bereits Hoffnung, der Liebe Gott hätte ausnahmsweise das Gebet eines Atheisten akzeptiert und die Segelpartie per Wunder verhindert, als plötzlich die Tür aufsprang: Richard, der Skipper.

An sich eine sympathische Erscheinung: ein jovialer Endvierziger mit Seehundbart und Bierbäuchlein, ein bisschen verschwitzt und ölverschmiert, aber offenbar bester Dinge. Warum sich so viele Leute im Raum die Augen zuhielten und manche sich sogar bekreuzigten, war mir zu diesem Zeitpunkt unverständlich.

Der Teil des Jachthafens, durch den wir mit Richards Beiboot dümpelten, war nicht gerade ein Parkplatz für Luxussegler. Eher älteres Gerät war da vertäut, liebevoll gepflegte Familienkähne mit schnörkeligen Inschriften, Mittelstandsjachten so um die 50 000 Dollar, aber auch ein paar angerostete und dringend reparaturbedürftige Museumsstücke, und dazwischen ein richtiger Seelenverkäufer, alt und verkommen bis zur Lächerlichkeit, der wohl mal zur Ausstattung eines klassischen Piratenfilms gehört hatte ... he, Moment mal! Wieso fuhren wir genau auf dieses Wrack zu?

Die »Lilli Dansker« war ein uralter Holzsarg, wie man ihn sonst nur im Schlosspark eines Fischkonserven-Milliardärs findet: »Damit hat mein Uropa seinen ersten Hering gefangen.« Die Farbe war fast vollständig abgeblättert, alles Metallische verrostet, die Segel rochen nach Altöl und die Holzplanken nach Kotze. Schwimmwesten sah ich keine, dafür aber überall leere Bierdosen.

Mit einer vollen Bierdose begrüßte uns der Steuermann, der noch verschwitzter und ölverschmierter war als Richard. »Das ist meine *crew*«, stellte Richard ihn vor, seine Mannschaft also, und hängte einen Kalauer dran: »Sein Name ist Crew.« Da dieser ernsthaft nickte, könnte es durchaus sein, dass das gar kein Kalauer war, sondern sein echter Name. Crew selber trug nichts zur Aufklärung bei, denn er verweigerte jedes Gespräch und öffnete seinen Mund nur, wenn er an der Bierdose nippte. Er hatte immer Bierdosen in der Hand, außer beim Umfüllen des Diesels. Da rauchte er eine Zigarette.

Der Hilfsmotor sei jetzt wieder in Ordnung, sagte Richard, wir könnten rausfahren und die Segel setzen. Leider war das Steuerruder nicht in Ordnung. Es klemmte, und wir rammten beim Ablegen ein Nachbarboot. Beim Versuch, das Ruder gängig zu machen, brach die Halterung, und wir rammten ein zweites Boot.

Während Richard verbissen hämmerte und schraubte, versuchte der Steuermann, das führerlos treibende Boot mit der Leine an einer Boje festzumachen. In äußerster Konzentration stand er vorn auf dem Bug, das Tau wie ein Lasso schwingend, doch als wir einen Holzpfosten rammten, verlor er das Gleichgewicht und wäre fast ins Wasser gefallen, hätte er sich nicht an seiner Bierdose festgehalten. Zur Notbremsung wollte er jetzt den Anker werfen, doch war dieser ohne Kette, und ein Anker, den man über Bord wirft, macht bekanntlich nur Sinn, wenn eine Kette dran ist. Außer man will ihn loswerden.

Und so verging die Zeit. Richard nutzte sie, um fast sämtliche Boote im Segelhafen von Honolulu zu rammen. Schiffeversenken der schönsten Art, wie ich es bisher nur auf Millimeterpapier ausleben durfte. Wir konnten von Glück reden, dass die Eigentümer nicht an Bord waren, sonst hätte man uns längst unter Beschuss genommen. Hawaii gehört schließlich zu Amerika.

Dann begann der Motor zu stottern und starb ab. Hatte Crew falsch getankt, indem er Bier reinschüttete und den Diesel selber trank? Jedenfalls hatte der Käpt'n dadurch endlich die nötige Ruhe, das Steuerrad festzunageln, während Crew vergeblich versuchte, mit dem Enterhaken Halt an einem anderen Schiff zu finden. Zu unserem Erstaunen versenkte er dabei kein einziges, sondern zerkratzte nur viele Lackierungen.

Leider ließ sich der Motor nicht mehr starten, was Richard sichtlich irritierte, da es doch gerade der Starter war, den er vor unserer Ankunft repariert hatte. Als er die Luke zum Motorraum öffnete, fand er darin zu seiner Überraschung ein weiteres Besatzungsmitglied, das dort seinen Rausch ausschlief, offenbar schon seit Tagen. Diskret verschloss er die Luke wieder. Dann seufzte er, drückte jedem von uns ein Bier in die Hand und verkündete, wir würden nach Hause rudern. Oder es zumindest versuchen.

Wolpers war hoch zufrieden. Zwar waren wir aus dem Jachthafen gar nicht erst rausgekommen, und die immer noch eingerollten Segel hatten wir nicht mal angefasst. Aber die Szene war authentisch, komisch und krank, dazu auch noch billig und mit Freibier – insgesamt also für Wolpers die Definition des irdischen Glücks. Und für mich war es das Paradies schlechthin: Segeln, der Extremsport für uns harte Burschen, der Überlebenskampf in einer Nussschale gegen Windsbraut und Klabautermann ... aber ohne Wellengang. In der Badewanne, gewissermaßen. Selbst wenn wir gekentert wären, hätte ich mich schon nach fünf Metern – meinem Rekord im Langstreckenschwimmen – irgendwo festklammern können. Ich hätte nie geahnt, dass Segeln so schön sein kann.

Als wir nach einem halben Segeltag und einer Strecke von 50 Metern wieder am Pier angelangt waren, kamen sämtliche Gäste aus der Bar gerannt und staunten uns an. Es war wahrscheinlich das erste Mal, dass Menschen von einem Ausflug auf der »Lilli Dansker« lebend zurückgekehrt waren.

Entsprechend gelassen begab ich mich am nächsten Tag auf meine erste Tauchfahrt in einem Unterseeboot. Zu gern würde ich jetzt berichten, dass es sich um ein Atom-U-Boot handelte und wir unter dem Nordpol durchgetaucht sind ... aber es war nur ein Touristenkäfig, der gerade mal die fünfzig Meter zum Boden des Hafenbeckens schafft: die »Voyager«, eine süße, kleine *yellow submarine* für zwei Mann Besatzung und drei Dutzend Fahrgäste, die an der Wand entlang vor großen Bullaugen hocken und auf Fische hoffen.

Ich hoffte ebenfalls, sah aber hauptsächlich den kahlen Meeresboden von Honolulu mit Betonbrocken, Autoreifen und Ankern ohne Ketten, die vermutlich Richard bei früheren Bremsmanövern der »Lilli Dansker« über Bord geworfen hatte. Außerdem sah ich einen Taucher, der rund um das Boot schwamm, um im Auftrag von Wolpers mit der Unterwasserkamera von uns Außenaufnahmen zu machen. Das tat er auch ganz prima und verscheuchte damit die wenigen Fische, die sich uns nähern wollten.

Das Fazit: Schon ziemlich interessant, aber mehr der Tauchvorgang an sich, dieses dramatische Abgleiten in die angeblich lockende Tiefe. Was man zu sehen kriegt, ist freilich eher dürftig. Die »U-Boot-Fahrt« in Disney-World, wo man zwar nur zwei Meter taucht, aber dafür submarine Paradiese in einer Geballtheit erlebt, wie sie im echten Meer wohl nirgends zu finden sind, war eindeutig spektakulärer. Die Scheinwelt ist eben doch schöner als die Wirklichkeit, das wissen wir ja auch aus Goethes »Faust«.

Für unsere dritte Seereise auf dem Kriegsschiff hatte ich eigens ein weißes Dinner-Jackett im Gepäck, samt Dresshemd und Krawatte – an sich eine ungewöhnliche Garderobe für Hawaii. Aber ich kann doch nicht kurzärmlig zwischen Uniformierten über Deck traben, das macht der Bundespräsident auf Staatsbesuch schließlich auch nicht! Außerdem hat man sich auf einer Seereise ordentlich anzuziehen, das wissen wir alle vom »Traumschiff«. Zugegeben, meinen Besuch auf dem Zerstörer eine »Seereise« zu nennen, ist ein wenig übertrieben, denn das Schiff lag im Marinehafen von Pearl Harbour und war fest am Pier vertäut. Aber es schwamm im Wasser und schaukelte dabei, und das ist für mich eine Seereise, egal wie die andern das nennen.

Pearl Harbour, die riesige Hafenanlage direkt am Stadtrand von Honolulu, ist der Hauptstützpunkt der amerikanischen Flotte im Pazifik. Der Name weckt historische Erinnerungen: Hier fand am 7. Dezember 1941 der japanische Überfall statt, der die USA zum Eintritt in den Zweiten Weltkrieg veranlasste. Ohne Kriegserklärung waren 350 japanische Flugzeuge über Pearl Harbour aufgetaucht, die alles, was sich unter ihnen befand, in Schutt und Asche legten, Kasernen, Häuser, über 300 Flugzeuge und die gesamte Flotte von 100 Kriegsschiffen; allein der Untergang der »Arizona« forderte über tausend Tote.

Die Amerikaner hatten daraus sofort ihre Lehre gezogen und noch während des Krieges einen Schutzwall gegen Japan errichtet: Pearl Harbour wurde zur unverwundbaren Festung ausgebaut. Doch irgendwie scheint das nicht richtig geklappt zu haben, denn heute wimmelt es hier nur so von Japanern, und auch im Militärhafen bilden sie das größte Kontingent der Besucher. Sogar auf den Kriegsschiffen weht die ehemals feindliche Flagge: Auf dem Weg zu unserem Zerstörer liefen wir an mehreren japanischen U-Booten vorbei, die gerade zum Freundschaftsbesuch eingetroffen waren.

Es war nicht ganz einfach, eine Drehgenehmigung zu bekommen, aber als wir sie dann hatten, klappte alles wie am Schnürchen. Geöffnete Schlagbäume, ein jovialer Presseoffizier und ein richtiges Kriegsschiff: die USS »John McCain«, ein Raketenzerstörer der Arleigh-Burke-Klasse, was immer das ist, 160 Meter lang, 30 Knoten schnell und

8400 Tonnen groß *(jawohl, GROSS, ihr Laien, nicht schwer, denn die Schiffstonnage ist keine Angabe des Gewichts, sondern seiner Wasserverdrängung)*, 1994 in Dienst gestellt, mit der ersten Bewährungsprobe im Golfkrieg. 315 Matrosen und 22 Offiziere bedienen das Hightech-Wunder, und sie sind sichtlich stolz darauf, denn es ist eine Komfort-Kampfmaschine, auf der sich's gut leben lässt, wenn nicht gerade geschossen wird, mit Frisiersalon, Supermarkt und Fünf-Sterne-Kantine, blitzsauber, die Ausstattung vom Feinsten, locker der Umgangston und lauter nette Kerle. Auch wenn ich mich schwer dagegen wehrte, spürte ich doch, wie sich die Kriegergene meiner Urahnen aus der Trockenstarre lösten und im Marschschritt zu zucken begannen, als die Matrosen zakkig salutierten, Signalfahnen mit meinen Initialen den Mast hochgezogen wurden und ich mich dann auf der Brücke gemeinsam mit Kommandant Vitale über den Kartentisch beugte.

Und dann erst die Waffen! Das Aegis-Luftabwehr-System mit Lasersteuerung, das einen Golfball in 100 Meilen Entfernung aufspüren und vernichten kann; die »Feuern-und-Vergessen«-Raketen für den Seekrieg, die ihr Ziel ohne weitere Steuerung ganz von selber finden; Torpedos für den Feind unter Wasser, die sowohl fliegen als auch schwimmen können; und die grimmigen Tomahawk-Landraketen, die beim Anflug an das Ziel Fernsehbilder direkt an CNN liefern können, bevor sie explodieren und an die Werbung abgeben. Aber das mussten wir uns alles erzählen lassen, besichtigen durften wir diese Todeskammern natürlich nicht, und das war sicher gut so, denn bestimmt hätte ich in ehrbarer journalistischer Neugier auf den falschen Knopf gedrückt, oder Wolpers wäre über ein Kabel gefallen, und schon hätten wir nicht mehr nur Segeljachten oder Holzpfeiler gerammt, sondern San Francisco versenkt, meine Lieblingsstadt.

Sie merken es sicher: Ich war tief beeindruckt und fast schon dabei, meinen Anti-Militarismus, der mich bisher mein ganzes Leben lang begleitet hatte, buchstäblich über Bord zu werfen ... als dann doch die Stunde der Beklemmung kam.

Das geschah, als wir den *war room* betraten. »Kriegsraum« wäre eine ärmliche Übersetzung, das klingt nach Bunker, Feldtelefonen und Kommandolärm. Auf dem Zerstörer aber ist es ein richtiger Saal mit gedämpftem Licht und dem beruhigenden Design einer edlen Werbeagentur. Ein paar Reihen von Computertischen, eine große Projektionsfläche an der Wand, auf die man jede Ecke der Welt, die man zerstören möchte, im kleinsten Kartendetail hinzaubern kann, und etwas erhöht an der Seite, um einen guten Überblick zu gewähren, eine Konsole mit Telefonen, Mikrofonen und unzähligen Knöpfen unter einer Batterie von Bildschirmen und Instrumentenanzeigen. Davor drei komfortable, schwenkbare Ledersessel mit Kopflehne und Armstützen, auf denen die Kriegsherren sitzen. Die Leute am Drücker.

Das ist die Kommandozentrale. Der Leitstand, von wo im Ernstfall der Tod ausgesandt wird. Nicht brausend und tosend wie die Riesenwellen der Tsunamis, sondern abstrakt und unwirklich wie im Computerspiel. »Chirurgischer Eingriff« heißt das Ziel der modernen Konfliktlösung, die totale Auslöschung per Fernbedienung ohne eigenes Risiko. Wobei ich diese Bezeichnung für nicht ganz glücklich halte, denn so ein Eingriff verläuft ja doch etwas anders als der des Chirurgen im OP: Die Kriegschirurgen sehen kein Blut.

Der *war room* als virtueller Kriegsschauplatz. So geschmackvoll, so ordentlich, so klug, dass niemand auf die beunruhigende Idee kommen könnte, die Zielpünktchen auf dem Bildschirm wären lebende Menschen. Oder waren es eben noch. Für den Fall, dass DOCH jemand auf diese Idee kommt, gibt es für jeden Kommandosessel ein Paar Kopfhörer der feinsten Art. Nicht zur Dämpfung des Schlachtenlärms, der tobt ein paar hundert Kilometer weit weg. Sondern zur Dämpfung des Gemüts. Denn diese Kopfhörer sind an ein exquisites Hi-Fi-System angeschlossen, für die passende Musik zur Rakete. Mehrere CDs lagen auf dem Pult, Beethoven, Vivaldi und ein Doppelpack italienischer Arien. Auch Mahlers Achte war darunter, die »Sinfonie der Tausend«, ein bisschen übertrieben für ein Schiff mit nur 337 Mann, aber vielleicht die Leihgabe vom Admiral auf dem Flugzeugträger.

Was Kommandant Vitale wohl auflegt, wenn er auf die Knöpfe drückt?

Falls ich mal wiederkomme, bringe ich ihm das »Requiem« von Mozart mit. Das passt so viel besser für einen Treffer. Oder Mahlers »Kindertotenlieder«.

Flüssiger Sonnenschein

Wenn am Morgen eines Drehtags der erste Blick aus dem Fenster Regen zeigt, weiß in einem anständigen Filmteam jeder genau, was er zu tun hat: Der Macher vor der Kamera ärgert sich, weil er völlig umsonst Texte gelernt hat, der Aufnahmeleiter startet eine Telefonorgie, um neue Termine auszuhandeln, der Produzent rechnet schwitzend nach, ob ein weiterer verlorener Tag im Budget überhaupt zu verkraften ist, und das Team steigt zufrieden zurück ins Bett.

Anders in Honolulu. Hier regnet es zwar häufig, aber immer nur kurz und sanft, wie aus Sprühdüsen im Wintergarten, und nur selten länger als ein paar Minuten. »Flüssigen Sonnenschein« nennt man diesen zärtlichen Regen rund um die Hauptstadt, und den gibt es nur hier. Anderswo könnten die Gegensätze nicht größer sein. Allein die kleine Insel Oahu, an deren Südküste Honolulu liegt, hat mehrere Klimazonen, und insgesamt finden wir auf dem etwa 800 Kilometer umfassenden Bogen, auf dem die sieben Hauptinseln Hawaiis liegen, jede denkbare Variante der Feuchtigkeit, von extremer Trockenheit und lebensfeindlichen Mondlandschaften bis zum dichtesten Regenwald. So dicht, dass die Windseite des Mount Waialeale, eines erloschenen Vulkans auf der Insel Kauai, als regenreichster Fleck der Erde gilt: Zwölf Meter jedes Jahr, ein Meter jeden Monat, und das heißt: Es regnet dort eigentlich immer, hinauf bis in den dritten Stock.

Als wir dort drehten, regnete es natürlich nicht – wahrscheinlich hatten wir die einzige trockene Stunde des Jahres erwischt. Zum Glück war es auch die einzige Stunde, in der Wolpers beweisen konnte, dass er doch nicht ganz überflüssig ist: Vorsorglich hatte er im Hotel eine Gießkanne besorgt, kletterte damit auf einen Baum und begoss mich wie eine kostbare Blüte, damit es wie Regen aussah, als ich meinen wissenschaftlichen Kommentar über den Rekord-Niederschlag dieser Ecke in die Kamera sprach.

Regen ist hier also ein wichtiges Wort, und da ist es durchaus verständlich, dass es in der alten hawaiischen Sprache mehr als hundert Ausdrücke für die verschiedenen

Arten des Regens gab; dazu noch doppelt so viele für Wind – hätte es damals schon Meteorologen gegeben, hätte eine Wettervorhersage jedes Mal bestimmt eine gute halbe Stunde gedauert.

So viele Wörter es einst für Wind und Regen geben mochte, so wenig Buchstaben kennt die klassische Sprache: zwar alle uns bekannten fünf Vokale, aber insgesamt nur sechs Konsonanten (h, k, l, m, p und w); Goethe und Robert Redford wären hier unbekannt geblieben, es sei denn, sie hätten sich in Koepe und Honelp Wekwomp umbenannt.

Wie in fast allen polynesischen Sprachen werden auch im Hawaiischen die Vokale einzeln ausgesprochen, ohne Diphtong oder Verschleifung. Hawaii soll man also nicht *Hawai* nennen, sondern *Hawa-i-i*, und der Inselname Kauai ist eigentlich viersilbig: *Ka-u-a-i.* Zwischen den Vokalen, zu ihrer Trennung, erklingt ein sogenannter »glottaler Verschlusslaut«, so als würde man gerade was sagen wollen, aber sofort wieder aufhören. In der Schriftform benutzt man dafür den Weglasser-Apostroph: Hawa'i'i, und als korrekter Berichterstatter wollte ich das auch hier im Buch tun ... doch wirkt das fürchterlich lehrbuchhaft, so dass ich ihn nur bei bestimmten Beispielen anwenden will. Ich erteile Ihnen aber hiermit die Erlaubnis, die nötigen Düddelchen nachträglich per Bleistift selber einzuzeichnen, als Hinweis für die richtige Aussprache – obwohl ich nicht sicher bin, dass es was nutzt. Denn das ist der Haken bei Sprachanweisungen in Schriftform: Unmöglich zu beschreiben, aber ganz einfach vorzumachen – und Letzteres werde ich gern für Sie tun, falls auch von diesem Band wieder eine Hörbuchfassung erscheinen sollte.

(Werbeunterbrechung:) *Kennen Sie »Feuersteins Reisen« als*

Hörbuch? Es enthält 74 köstliche Minuten mit den besten Kapiteln, wahlweise auf CD oder Kassette, für 32 Mark als Raben-Record im Heyne Hörbuch Verlag ... zugegeben, ein Schweinepreis, aber jedes Wort dafür von mir persönlich fehlerfrei in Ihr Ohr gehaucht. (Ende der Werbeunterbrechung.)

Alt-hawaiisch ist zwar gut dokumentiert, wird aber im täglichen Gebrauch nur noch von wenigen Menschen auf der »verbotenen« Insel Niihau *(Ni'ihu'u)* benutzt, die für Touristen unzugänglich ist. Doch gibt es einige alte Wörter, die in den modernen Alltag eingegangen sind, das wichtigste davon sogar in die Unsterblichkeit des deutschen Schlagers: *ALOHA*.

Alo bedeutet, jemanden anschauen, *ha* ist der Atem, und zusammen ergibt das den klassischen Gruß von Hawaii: *ALOHA*, je länger das »o« gezogen wird, desto herzlicher. Man hört ihn schon am Flughafen, wenn einem zur Begrüßung der traditionelle Blütenkranz umgehängt wird, der *le'i*, und man hört ihn jeden Tag in unzähligen Varianten vom Türsteher im Restaurant bis zum Schlusswort der Grabrede. Denn *Aloha* gilt nicht nur als Gruß für jede Gelegenheit, sondern ist auch ein Überbegriff für den »Geist von Hawaii« geworden, eine Art Markenzeichen der Inseln, im Schlechten wie im Guten.

Im Schlechten: *Aloha* ist so abgenutzt, dass man es fast nicht mehr ertragen kann. Jedes zweite Restaurant trägt diesen Namen, jeder Ramschladen hat bis zur Decke *Aloha*-T-Shirts und *Aloha*-Kaffeetassen gestapelt, es gibt die *Aloha*-Taxis und die *Aloha*-Airways, und selbst die köstlichen Macadamia-Nüsse werden einem durch die *Aloha*-Packung vermiest. Da ist es nicht nur logisch, sondern geradezu unvermeidlich, dass Hawaii den offiziellen Beinamen »*Aloha*-Staat« trägt.

Im Guten spiegelt *Aloha* die Toleranz und die Freundlichkeit der Inseln wider, Multikulti vom Feinsten, ein Vielvölkergemisch, das wirklich integriert ist, nicht in Stadtviertel getrennt, wie sonstwo in Amerika (und noch mehr bei uns), sondern so »durchrasst«, wie bayerische Landesfürsten zu sagen pflegen, dass der CSU Angst und Bange werden könnte: Japaner (mit 23 Prozent der größte Bevölkerungsanteil), Polynesier, Chinesen, Koreaner, Filipinos und Kontinental-Amerikaner in allen ethnischen Schattierungen haben sich Hawaii auf friedliche Art geteilt, und wenn jemand benachteiligt ist, dann sind das die Ureinwohner, die mit den Veränderungen nicht Schritt halten konnten. Der traurige Beweis: Zwar beträgt der Anteil der ethnischen Hawaiianer in der Gesamtbevölkerung nicht mal 20 Prozent – in den Gefängnissen aber stellen sie 70 Prozent aller Häftlinge. Ob sich Bayern auch so entwickeln wird?

Aloha reicht für die tägliche Freundlichkeit. Falls Sie trotzdem noch ein paar weitere Vokabeln kennen lernen wollen, hier drei Wörter, die man sich gut merken kann, weil sie schon vom Klang her Sinn machen: *wiki-wiki* heißt »schnell«, *holo-holo* »Spaß haben« und *kau-kau* »Essen«; dazu noch zwei Wörter, die man gar nicht übersetzen muss, weil wir sie schon kennen: *ukulele* und *hula-hula*. Falls Sie sich auch für die Sprachlehre interessieren, gibt's dafür eine erste Adresse: Dichterfürst Adelbert von Chamisso hat nicht nur 1814 »Peter Schlemihls wundersame Geschichte« geschrieben, sondern besuchte ein Jahr später fünf Monate lang Hawaii und erarbeitete dabei die erste alt-hawaiische Grammatik.

Noch ein Wort, das mich ins Grübeln brachte: *ha'ole*. Das sind wir selber, die Weißen. Den ersten Teil von *ha'ole* haben wir schon bei *aloha* kennen gelernt: *ha*, der Atem. *Ole* heißt

»ohne«, das Ganze bedeutet also »ohne Atem«, »leblos«, denn die alten Hawaiianer konnten sich beim besten Willen nicht vorstellen, dass diese bleichgesichtigen, lächerlichen Gestalten, die aus ihren Kanonenbooten kletterten, tatsächlich lebendige Menschen sein könnten. Was mich wiederum vermuten lässt, dass der erste Weiße auf Hawaii ein Vorfahre von Wolpers gewesen sein muss. (Und weil wir gerade bei Wolpers sind: Wussten Sie, dass der hüftschwingende, nacktbusige *Hula-hula*-Tanz ursprünglich nur von Männern vorgeführt wurde? Ich wusste es nicht, und es wäre mir lieber gewesen, ich hätte es nie erfahren, weil ich seither in Panik lebe, Wolpers würde eines Tages im Grasrock in mein Zimmer springen und *Hula* tanzen.)

Zurück zum flüssigen Sonnenschein. Auf Kauai, der Insel mit der regenreichsten Zone der Welt, habe ich ihn gegen Schluss unserer Reise auf eine ganz besondere Art erlebt. Nicht vom Himmel als Regen, aber trotzdem von oben, als Wasserfall, direkt für das Fotoalbum des Lebens: Bilder, die man nicht vergisst.

Kauai, die nördlichste Insel des Archipels, ist geologisch die älteste und landschaftlich die spektakulärste, ebenso unerschöpflich wie unberührt in ihrer Vielfalt, denn bewohnt ist Kauai nur an der Küste, das gesamte Innere ist straßenlos und unzugänglich, erkundbar nur per Hubschrauber: Seit Jahrmillionen erloschene Vulkanberge, die der Dschungel überwuchert hat, tiefe und reißende Canyons dazwischen, dramatische Steilküsten, gegen die sich Wassergebirge werfen, und die üppigste Vegetation, die man sich denken kann. Kauai gehört deshalb zu den beliebtesten Filmkulissen der Welt. Boris Karloff war hier mit seinem Gruselschinken »Voodoo Island«, Elvis Presley mit »Blue Hawaii«, hier entstand der Musical-Klassiker »South Pacific«, und der Einfachheit halber wurde auch Afrika immer wieder hierher verlegt, beginnend mit dem allerersten »King Kong« der dreißiger Jahre. Das letzte Großaufgebot von Hollywood fand hier erst vor wenigen Jahren statt: die Außenaufnahmen für »Jurassic Park«.

Auch wir gingen mit einem Großaufgebot ans Werk: Wir hatten zwei Hubschrauber gemietet. Einen für mich und den andern für die Kamera, damit man sieht, wie ich mit dem Hubschrauber fliege. Denn wir wollten einen der Drehorte von »Jurassic Park« besuchen, und Steven Spielberg ist ja auch nicht zu Fuß dahin getrabt. Außerdem drehten wir – Gipfel des Luxus – mit zwei Kameras, freilich in der WDR-Version (Gipfel der Sparsamkeit): Wolpers drückte mir die »Digi« in die Hand, die kleine Digitalkamera; damit sollte ich zwischendurch vom Piloten und mir Nahaufnahmen machen.

Schon der Flug über die Küstenberge war unbeschreiblich schön. Immer wildromantischer wurde die Landschaft – und plötzlich dieses Bild, das Sie ganz bestimmt aus dem Film in Erinnerung haben: Drei Wasserfälle, die dicht nebeneinander in ein enges Tal münden, die Szene vor der ersten Begegnung mit den Sauriern. Ein großer Teil dieser Gegend ist Privatbesitz. An sich darf man hier nur in großer Höhe fliegen, doch hatten wir die Genehmigung, da unten zu landen.

Der Pilot gab mir helmartige Kopfhörer, die den Rotorenlärm zum Verstummen brachten, und stellte die Stereoanlage an: Die Musik von »Jurassic Park« . . . im Kino empfand ich sie als kitschig, aber hier war sie einfach grandios. Ich legte die Digi-Kamera auf den Sitz und lieferte mich aus. Der Landschaft, der Musik und all den Gefühlen, denen ich sonst so sehr misstraue.

Langsam, ganz langsam glitten wir den Wasserfall hinunter ins paradiesische Tal. Muss ich zugeben, dass ein paar Rührungstränen über meine Zynikerwangen flossen? Nein, muss ich nicht. Tu ich aber trotzdem.

Als Wolpers später das Band aus meiner Kamera sichtete, wunderte er sich, was da auf den Bildschirm kam: das Muster eines Hubschrauber-Sitzes. Zwölf Minuten lang.

Pele und die Vergangenheit

Ich kann mir denken, dass Puristen schon die längste Zeit unruhig in ihren Sesseln wetzen, weil ich erzähle, was wir IN Hawaii erlebt haben. Muss es nicht AUF Hawaii heißen? Wo es sich doch um Inseln handelt und sogar die Hohlköpfe von RTL-2 wissen, dass man Strandorgien nicht IN Ibiza feiert, sondern immer nur AUF?

Liebe Puristen, Sie können Ihren Hintern wieder ruhig stellen, denn im Falle von Hawaii ist beides richtig, IN und AUF, allerdings mit einem wesentlichen Unterschied in der Bedeutung: Wer »in Hawaii« sagt, meint damit Hawaii als Ganzes, den fünfzigsten amerikanischen Bundesstaat, egal, von welcher der sieben Hauptinseln die Rede ist; war er jedoch »auf Hawaii«, dann ist damit nur und ausschließlich die INSEL Hawaii gemeint, die größte und südlichste der Kette, 600 Kilometer südlicher als Miami und bei 20° nördlicher Breite das Südlichste überhaupt, was die USA zu bieten haben.

Wir waren bisher IN Hawaii und fliegen jetzt weiter, AUF Hawaii.

Die Einheimischen ersparen sich dieses Durcheinander, indem sie darauf verzichten, die Insel Hawaii beim Namen zu nennen; sie heißt hier einfach *Big Island*, die große Insel, und das stimmt auch: Sie ist doppelt so groß wie alle übrigen Hawaii-Inseln zusammen. Geologisch ist sie die jüngste, und das bedeutet: Sie ist die einzige, auf der die Vulkantätigkeit noch nicht zur Ruhe gekommen ist. Durch den ständigen Lavafluss an der Küste wird sie sogar jedes Jahr um ein paar hundert Quadratmeter größer. Vulkane, erloschen wie tätig, prägen die Landschaft, eine Begegnung mit Pele, der Feuergöttin, ist unvermeidbar.

Pele ist die Tochter der Erdmutter Ha'ume'a und des Himmelsvaters Wake'a. Ursprünglich beherrschte sie die gesamte Inselkette mit ihren Feueröfen, doch ihre boshafte Schwester, die Göttin des Meeres, füllte Wasser in die Vulkane und löschte damit Peles Brand – bis auf den letzten, dem Kila'u'e'a im Süden der großen Insel. Dort wohnt sie heute noch, und es ist mehr als verständlich angesichts ihrer schlimmen Erfahrungen, dass sie diesen winzigen Rest ihres Reiches hartnäckig verteidigt: Wer auch nur ein einziges Lavasteinchen mitnimmt, den verfolgt sie bis ans Lebensende mit Unglück. Und wenn ihr was nicht passt, dann schürt sie den unterirdischen Herd und schickt Tod und Verderben übers Land – zuletzt 1990, als glühende Lava mitten durch die Ortschaft Kalapana strömte und sie fast völlig zerstörte.

Es ist daher wichtig, sich mit Pele gut zu stellen. Wer in den schwarzgrauen Wüsten aus Asche, Lava und rauchenden Schwefelkaminen vom markierten Weg abweicht, sieht immer wieder kniende Menschen, die Blütenkränze auf Steinhaufen legen. Manchmal leeren sie auch eine Gin-Flasche darüber aus, denn Pele liebt Gin, und wenn Pele säuft, spuckt sie nicht. Ganz zum Unterschied von mir, bei dem das genau umgekehrt abläuft.

Eindrucksvoller noch als der Besuch in Peles glühendem Reich war für mich ein erloschener Vulkan: Mauna Kea im Norden der Insel, mit 4200 Metern nicht nur der höchste Gipfel der Hawaii-Inseln, sondern auch höher als alles, was wir in Europa haben. Der Blick von dort oben reicht weit in die Ferne und noch viel weiter in die Vergangenheit. Denn hier oben steht das Keck-Observatorium, eine der zwölf großen internationalen Sternwarten, die wie halbierte Rieseneier außerirdischer Vögel auf dem Hochplateau des Gipfels kleben.

Der Vulkankegel bietet die ideale Voraussetzung für die Himmelsforschung: keine störenden Lichtquellen in der Umgebung und fast das ganze Jahr hindurch kristallklare Nächte. Das Superteleskop von Keck hat eine unvorstellbare Leistungskraft: Es kann Sternenlicht empfangen, das bis zu dreizehn Milliarden Jahre durch das All gereist ist – oder, auf irdische Verhältnisse übertragen: Mit dem Auflösungsvermögen von Keck könnte jemand von Bagdad aus mitlesen, wenn Sie dieses Buch in Berlin in der Hand halten. Also aufpassen, wenn Sie so was nicht mögen.

Touristenprospekte in Amerika sind vorsichtig wie ein Altenpfleger. Damit sich nur ja niemand hinterher beschweren oder gar Schadenersatz dafür fordern kann, dass die Luft in 4000 Meter Höhe dünner ist als unten, wird jedes mögliche Risiko nicht nur aufgezählt, sondern auch gewaltig übertrieben: Wie man sich dem Gipfel nähert (langsam und etappenweise, damit sich der Körper dem Druckunterschied anpassen kann), was man anziehen muss (Polarkleidung, denn bis vor 10 000 Jahren war der Gipfel von Gletschern überzogen, und auch heute noch herrscht Permafrost knapp unter der Oberfläche) und wie man sich bei Asthma, Lungenödem und Höhenkoller verhält, bis der Notarzt kommt (abwarten und Tee trinken). In gespannter Erwartung, mit diesem gewissen Himalaja-Gefühl, machten wir uns frühmorgens an den Aufstieg.

Von wegen Aufstieg! Auf einer bequemen, wenn auch engen und steilen Asphaltstraße kann man bis ganz nach oben fahren, bis zum letzten der 4205 Meter, ohne auch nur einen einzigen Schritt zu tun. In knapp zwei Stunden könnte man dies mühelos schaffen, doch aus Sorge um die Gesundheit meiner Mannschaft, verbunden mit meinem unbändigen Forscherdrang, dehnte ich die Zeit auf fünf Stunden aus. Denn endlich hatte ich die Gelegenheit, an Ort und Stelle eines der vielen Wunder der Physik persönlich zu überprüfen: Nämlich, dass der Siedepunkt des Wassers bei zunehmender Höhe und abnehmendem Luftdruck geringer wird. Ob das wirklich stimmt?

Dazu hatte Wolpers Wasser, Spirituskocher, Topf und ein Riesenthermometer aus dem Physiklabor einer Schule besorgt, außerdem einen Astronautenanzug. Letzterer hatte zwar mit dem vorgesehenen Experiment nichts zu tun, doch sollte ich ihn für einen Aufsager anziehen, eine Szene in der Steinwüste, die wir unterwegs in 2500 Metern Höhe passieren würden, einer veritablen Mondlandschaft, die deshalb als Trainingsstätte für die amerikanischen Astronauten diente, zur Vorbereitung auf die Mondlandung.

Es war tatsächlich eine außerirdische Szenerie. Jeden Augenblick erwartete ich, dass hinter den Mondbergen die Erde aufgehen würde, und in Zeitlupe filmten wir meinen *moon walk*: ein paar große Schritte für Feuerstein, aber nur ein kleiner für die Menschheit. Weil der Anzug so gut vor der Kälte schützte, die da oben schon herrscht, behielt ich ihn für den Rest der Fahrt an.

Beginnend auf Meeresspiegelniveau, hatten wir nach jedem Höhengewinn von 1000 Metern unsere Versuchsanordnung aufgebaut, Wasser gekocht und, sobald es zu wallen begann, die Temperaturanzeige abgefilmt – und siehe da, es stimmt: Schon tausend Meter über dem Meer waren es deutlich weniger als 100 Grad Celsius, und bei der Viertausender-Marke nur noch 88, was sich aber leider nicht mehr so genau ablesen ließ, da unser Thermometer einen Sprung bekommen hatte (schuld: Wolpers). Astronomen, die auf dem Weg zur Arbeit an uns vorbeifuhren, winkten freundlich, wie das von Wissenschaftler zu Wissenschaftler üblich ist. Erst später erfuhren wir, dass sie oben ganz aufgeregt berichtet hatten, auf halbem Weg sitze ein Astronaut am Straßenrand und koche Suppe – weshalb sie sofort in die Druckkammer verfrachtet wurden, weil man meinte, das sei das erste Anzeichen für den gefürchteten Höhenrausch.

Bei der Ankunft auf dem Gipfel des Mauna Kea bekamen auch wir den Höhenrausch zu spüren, freilich viel milder und erträglicher, als es in den Prospekten angedroht war. Ich war noch nie in einer solchen Höhe gewesen; dreitausend Meter im Kleinflugzeug ohne Druckausgleich waren bisher das höchste der Gefühle, da ist der allmähliche Abschied von der Erde noch nicht zu spüren. Viertausend hingegen sind tatsächlich die deutlich fühlbare Schwelle zum Dach der Welt, die unterste Region der obersten Gipfelstürmer, und bestimmt auch schon Heimat der ersten Yetis. Man fühlt sich seltsam leicht und euphorisch, fast übermütig, zugleich aber auch ein wenig schwindlig, mit pochenden Schläfen und weichen Knien.

Mit leichten Gummiknien betrat ich das Zwillingsreich

der beiden Keck-Türme. Der Pressemensch des Observatoriums nahm uns gleich am Eingang in Schutzhaft und spulte in freundlich-gelangweilter Routine all die Informationen ab, die Amerikaner für wichtig halten: wie groß, wie weit und was es kostet. Zum Philosophieren hatte er weder Zeit noch Lust. Statt dessen trieb er ständig Stephan zur Eile an, wenn dieser, wie es seine Art war, in falsche Richtungen lief oder verbotene Türen öffnete, stets auf der Suche nach neuen, aufregenden Blickwinkeln für die Kamera.

Nach dem dramatischen Bild von außen war der Eindruck im Inneren zunächst eher dürftig: Da saßen keine staunenden Keplers und Tycho Brahes vor riesigen Rohren und schraubten am Okular, statt dessen hockten Studenten aus aller Welt vor Batterien von Computern: Datenreihen ohne Ende, Diagramme, Kurven, Funksignale, Spektralanalysen ... Himmelsbilder scheinen in der modernen Astronomie so überflüssig geworden zu sein wie der Abakus in der Buchhaltung. Aber da eines der Hauptziele von Keck die Erforschung der Schwarzen Löcher ist, nimmt das nicht Wunder: Schwarze Löcher heißen vor allem deshalb schwarze Löcher, weil man sie nicht sehen kann, auch wenn dort Unglaubliches passiert. Sternhaufen verschmelzen, Galaxien verklumpen, nicht mal das Licht kann entkommen. Als Kurzsichtiger habe ich das immer schon geahnt: Wo man nichts sieht, ist am meisten los.

Dann kam die Dämmerung. Unten auf der Erde war es schon tiefschwarze Nacht, hier oben, so nahe dem All, glühte der Himmel noch rötlich-violett. Als wir den mächtigen Kuppelsaal betraten, in dem sich das Teleskop befand, knickten mir die weichen Knie fast ein: vor Staunen und Ehrfurcht.

Nur einen kleinen Spalt ist das Kuppeldach geöffnet,

denn der Himmelsausschnitt, auf den sich die Beobachtung gerade richtet, ist winziger als ein einziger funkelnder Stern. Völlig lautlos, auf einem Ölfilm, bewegt sich der 270 Tonnen schwere Koloss aus 36 bis zu zehn Metern großen Präzisionsspiegeln auf die gewünschte Position und bleibt trotz der Erddrehung auf den Millimeter genau aufs Ziel fixiert.

Dann sah ich die Vergangenheit: Sterne, wie sie vor dreizehn Milliarden Jahren aussahen, denn so lange brauchte ihr Licht für die Reise zu uns. Und wenn die Vergangenheit zurückschauen könnte, würden nochmals dreizehn Milliarden Jahre vergehen, bis sie mich wahrnehmen kann. Nie habe ich die Bedeutungslosigkeit der eigenen Existenz stärker empfunden. Ich musste mich festhalten, um von dem Riesenfühler des Teleskops nicht angesaugt und ins All geschleudert zu werden . . .

Am nächsten Tag gab es noch einen zweiten Blick in die Vergangenheit. Nicht elf Milliarden Jahre zurück, sondern nur vierzig. Denn hier, in Hilo, begegnete ich mir ganz unerwartet als Zwanzigjähriger wieder.

Im Herbst 1959 hatte ich in meiner Heimatstadt Salzburg Pearl Higa kennengelernt, eine 19jährige Musikstudentin, die im Austausch ein Studienjahr am Mozarteum absolvierte. Sie stammte aus Hawaii, aus der Stadt Hilo, war ethnische Japanerin und frisch gebackene Amerikanerin, denn im gleichen Jahr, am 21. August 1959, war Hawaii als fünfzigster und bisher letzter Bundesstaat in die amerikanische Union aufgenommen worden. Sie war eine hochbegabte Pianistin und ein wunderbarer Mensch und wurde – nach mehreren falschen – meine erste richtige große Liebe.

Schon lange vor ihrer Rückreise war mir klar: Das durfte nicht alles gewesen sein. Ich beschloss, ihr nach Amerika nachzureisen, und sie brachte für mich wohl das größte Opfer ihrer Lebens: Sie brach das Musikstudium ab, und wir übersiedelten nach New York, wo wir kurz darauf heirateten. Als wir uns dann zehn Jahre später trennten, geschah das in guter Freundschaft: Ich wollte zurück nach Europa, sie jedoch hatte eine Karriere außerhalb der Musik gefunden, die für sie wichtig war. Erst machten wir uns vor, es sei nur eine vorübergehende Trennung, aber dann wurde doch eine endgültige daraus.

Anfangs hatten wir uns häufig geschrieben und einmal in New York sogar wiedergesehen, und es wäre sicher eine liebevolle Freundschaft daraus entstanden. Doch ging sie eine neue Bindung ein und brach deshalb den Kontakt ab, weil ihr zweiter Ehemann, ein französischer College-Professor, unter der Vergangenheit mit mir zu leiden schien – mal was anderes, denn die meisten Menschen leiden eher unter meiner Gegenwart. Aber so war es nun mal, und vor dreißig Jahren habe ich jede Spur von ihr verloren.

Ich war bisher nur ein einziges Mal in Hawaii gewesen, ganz kurz nur in Honolulu, nicht viel mehr als ein verlängertes Umsteigen zwischen zwei Flügen. AUF Hawaii war ich noch nie. In den ersten Jahren unserer Ehe hätten wir uns eine solche Reise nicht leisten können, später kam meine Scheu vor der unbekannten Verwandtschaft dazu, und schließlich war es die Vergangenheit, die mich Hawaii – und vor allem Hilo – meiden ließ: Zu wehmütig würde eine solche Reise ohne sie sein, zu viel hatte mir Pearl von ihrer Heimat erzählt.

Von der verheerenden *Tsunami* von 1946 zum Beispiel, der Katastrophenflut, als das Meer erst wenige Straßenblocks vor dem Elternhaus Halt machte; und als sich dann 1960, als wir bereits in New York lebten, eine zweite, noch viel schlimmere ereignete, wurde ich hilfloser Zeuge ihrer Angst um die Eltern, weil tagelang keine Telefonverbindung zustande kam.

Oder ihre Geschichten von Kamehameha, dem letzten göttlichen König Hawaiis, dessen Reich in der Mitte des 19. Jahrhunderts zu zerfallen begann und der noch Untertanen hinrichten ließ, nur weil ihr Schatten seinen Palast berührt hatte. Oder von der Nationalhymne »Hawaii Pono'i«, deren Text von einem späteren, nicht mehr göttlichen Monarchen geschrieben wurde, die Musik aber von dem deutschen Regimentskapellmeister Heinrich Wilhelm Berger. Und natürlich von Pele, der Feuergöttin, die zuweilen als ältere, weiß gekleidete Frau mit einem Hündchen vor die Menschen tritt, so dass man immer sehr höflich sein muss, wenn man in Hilo einer solchen Kombination begegnet ...

Die Filmarbeit war zum Glück anstrengend genug, um all diese Erinnerungen gar nicht erst wach werden zu lassen. Zum ersten Mal war ich froh über die Anwesenheit von Wolpers, denn da konnte ich jederzeit mit ihm zu streiten beginnen und damit jeden Anflug von Sentimentalität durch Hass verdrängen. Aber am letzten Tag kam es dann doch ganz anders.

Wir hatten frühen Drehschluss, und ich wanderte ziellos durch unser Hotel, das »Hilo Hawaiian«, als ich vor dem Festsaal ein Schild sah: *High School Reunion – Class of '56*; Klassentreffen des Abitur-Jahrgangs 1956. Da überfiel es mich ganz heiß: Könnte das nicht Pearls Jahrgang sein? Und ihre ehemalige Klasse? Ich rechnete nach: Nein, höchst unwahrscheinlich, ihr Abschluss war erst 1958 ... oder irrte ich mich? Bestimmt aber war es ihre Schule, denn Hilo hat kaum 50 000 Einwohner, da gibt es sicher keine zweite High

School. Und bestimmt würde es auch ein oder zwei Klassen über ihr jemanden geben, der sie kennt.

Am Eingang saß eine freundliche Dame an einem Tisch, auf dem mehrere Listen und eine Schachtel mit Namensschildern lagen. Ich schlich erst mehrmals an ihr vorbei, bis ich zu fragen wagte: Ob sie den Namen Pearl Higa schon einmal gehört habe? Sie überlegte und sagte dann Nein. Ich muss eine ziemlich verwirrte Erscheinung abgegeben haben, denn sie suchte Beistand bei einem Kollegen, der deutlich weniger freundlich war. Was ich hier wolle, fragte er scharf.

Ich erzählte den beiden meine Geschichte – und muss dabei wohl den richtigen Ton getroffen haben. Sie hat ja auch was Anrührendes: Alter Mann sucht verlorene Liebe, das letzte Kapitel im Lebensroman. Fast schämte ich mich, mit einem so abgegriffenen Klischee hausieren zu gehen ... aber was kann ich dafür? Es war ja keine Romanschnulze, sondern mein Leben.

Eine Welle der Hilfsbereitschaft brach über mich herein. Andere Leute wurden zugezogen, Gesprächsrunden bildeten sich, Listen wurden durchkämmt, Schulpapiere durchforstet, man fragte, diskutierte und grübelte, jeder kannte ein paar Higas, da dieser Name in Hawaii sehr verbreitet ist, aber niemand erinnerte sich an Pearl. Man nannte mir Adressen und Telefonnummern für den nächsten Tag und bot mir jede erdenkliche Hilfe an, aber es war sinnlos, denn schon am frühen Morgen würden wir nach Honolulu zurückfliegen. Und eigentlich wollte ich das alles gar nicht. Es war ja nur ein Zufall gewesen, auf dieses Klassentreffen zu stoßen, und wenn man Pearl wirklich gefunden hätte, hätte es mir gereicht, einen Blick aus der Ferne auf sie zu werfen, ob ich sie noch erkennen würde und ob es ihr gut ginge nach all den Jahren. Danach hätte ich mich ganz schnell verdrückt ...

Ich habe Pearl nicht gefunden, und das ist sicher gut so. Man soll die Vergangenheit nie mit der Gegenwart vermischen, das hat mich das Keck-Teleskop gelehrt: Allein der Versuch würde 26 Milliarden Jahre dauern ...

Ich ging in mein Zimmer und blätterte im Telefonbuch von Hilo. Dort fand ich Hunderte von Higas, über mehrere Seiten hinweg. Ich schlug das Buch wieder zu, und schon zum zweiten Mal auf dieser Reise hatte ich nasse Augen. In Hawaii kommt man wirklich nicht am Wasser vorbei.

A — B — C

IN GRÖNLAND LIEGT VIEL SCHNEE

1997, zwischen zwei Reisefilmen, war ich im Auftrag der Literaturzeitschrift ›Playboy‹ eine Woche in Grönland und weiß jetzt alles darüber. Zugegeben, ich war nur in Westgrönland. Aber das IST Grönland, wie es Walt Disney grönländischer nicht erschaffen könnte: Polarkreis, Eisberge, Gletscherfjorde, Hundeschlitten, Mitternachtssonne und eine so klare Luft, dass man die Unendlichkeit sieht.

Der Vollständigkeit halber: Ja, es gibt auch noch Südgrönland. Dort liegt die Hauptstadt Nuuk (12 000 Einwohner), man findet jede Menge Hotels, aber da unten ist es grün, eisfrei und regnerisch. Wegen grün, eisfrei und regnerisch fährt man nicht nach Grönland, dafür haben wir Hamburg.

Und Ostgrönland? Abzuraten. Da kann man nicht hin, jedenfalls nur sehr schwer. Alfred Wegener (der mit der Kontinentalverschiebungstheorie) versuchte es 1930 mit dem Propellerschlitten, scheiterte und starb. Und zu Fuß wie Reinhold Messner und Arved Fuchs, tausend Kilometer quer übers Gletschereis, ist auch nicht jedermanns Sache.

Schließlich Nordgrönland, nur noch 700 Kilometer zum Pol, das Grönland von Grönland. Aber da DARF man nicht hin, dort liegt Thule, der Stützpunkt der USA, wo der Kalte Krieg allein schon aus Temperaturgründen für alle Zeit weitergeht, und dafür braucht man eine Sondergenehmigung vom dänischen Außenministerium. Trotzdem das ultimative Ziel für Touristen, die keine Touristen mögen, denn es gibt nur ein einziges Hotel da oben. Mit nur fünf Zimmern.

Grönland ist eine Platzverschwendung: die größte Insel der Welt, 2600 Kilometer lang, 1000 Kilometer breit, siebenmal die Fläche von Deutschland, aber nur 55 000 Einwohner und 0 Asylanten.

Grönland ist eine Riesengefahr für Holland: Würde das Inlandeis schmelzen, stiege der Meeresspiegel um 6,5 Meter, und weg sind die Tomatenfabriken und Coffeeshops.

Grönland ist ein Traum von Nichts, in vielen, unglaublichen Variationen. Es gibt nichts Vergleichbares, und einmal im Leben sollte man dort gewesen sein.

A – ANKOMST

ist das erste Wort, das man in Grönland liest. Es steht auf dem Eingang zum Flughafen Kangerlussuaq, ist dänisch und heißt Ankunft. Daraus folgerte ich messerscharf, dass Abflug ABHAUST heißt, er heißt aber AFGANGE. Dänisch ist unlogisch.

B – BIRKEN

sind auf Grönland nur wenige Zentimeter hoch. Oft glaubte ich, ich stünd im Moos, aber ich stand im Wald. Die Botaniker sagen Krüppelgewächse dazu, aber so ein abfälliges Wort würde ich niemals hinschreiben. Für mich sind das Behindertengewächse.

C – CHAOS

ist der Anfang jeder Hundeschlittenfahrt. Anders als in Alaska, wo die Hunde ordentlich und paarweise ins Geschirr kommen, ziehen in Grönland bis zu fünfzehn Tiere fächerförmig an Einzelschnüren. Wäre ich Pythagoras gewesen, hätte ich an dem Wunder, dass sich der Schlitten trotzdem vorwärts bewegt, obwohl die meisten Hunde seitwärts ziehen, das Kräfteparallelogramm entdeckt. Zur Berechnung wäre ich allerdings niemals gekommen, da diese Ziehtechnik ständig zu den wirrsten Verknotungen führt, die sich aber auf übernatürliche Weise immer von allein entflechten, auch wenn der eine oder andere Hund kilometerweit und wild jaulend mitgeschleift wird, bizarr in den Seilen gefesselt wie die Mädchen in einem japanischen SM-Porno. Und anders als die temperamentvollen, ein bisschen dummen, aber im Grunde liebenswürdigen Alaska-Huskies sind die Polarhunde Grönlands einfach nur Hunde. Sie wollen fressen, raufen und ficken, und zwar möglichst gleichzeitig, auch während der Fahrt. Zusätzlich, vor allem beim Warmlaufen, scheißen sie, mit einem interessanten Ergebnis: Die Scheiße gefriert in der trockenen Polarluft sofort und fetzt wie Gewehrkugeln über den Schlitten. Will man nicht getroffen werden, empfiehlt es sich, nicht auf die Landschaft zu schauen, sondern auf fünfzehn Hundeärsche, obwohl die Landschaft eindeutig schöner ist. Der Schlitten hat Platz für zwei, der Hundeführer vorn, der Passagier (oder die tote Robbe) hinten, und die wichtigste Verkehrsregel: Hundeschlitten haben gegenüber anderen Fahrzeugen immer Vorfahrt. Am härtesten ist es bergauf, da muss man zur Schonung der Hundekraft runter vom Schlitten und hinterherhecheln, sich aber gut daran festhalten – wer loslässt, ist verloren, die Meute würde man nie wieder einholen. Los heißt *dama*, links heißt *ju-ju-ju* und rechts *didli-didli-didli* oder so ähnlich. Halten ist das schwierigste: Egal, was man brüllt, die Hunde hören sowieso nicht zu, und der Bremsweg kann schon mal einen Kilometer oder mehr betragen. Wenn aber wirklich mal alles durcheinander gerät, hat der Schlittenführer eine Peitsche aus Robbenhaut, mit der er auch im wildesten Knäuel immer genau jenen Hund trifft, den er meint. Mich hat er zweimal getroffen.

E – EISBERGE

sind keine Eisberge, sondern Schneeberge, hartgepresst über Jahrmillionen. Denn das Innere Grönlands ist eine Mulde, ständig fällt Schnee, der wegen der Kälte nicht tauen kann, und da liegt er nun aufgetürmt, bis zu 3000 Meter dick. Das wiegt ein bisschen, wie jeder weiß, der mal eine Dachlawine aufs Dach gekriegt hat, und sorgt durch den enormen Druck dafür, dass die Eismassen – die ja, physikalisch gesehen, immer noch flüssig sind – am Inselrand, wo die Berge Lücken haben, ins Meer hinausgedrückt werden. Jawohl, liebe Schüler, das sind die EISBERGE, oft über 1000 Meter hoch und mehrere Kilometer lang, majestätisch, bizarr und unberechenbar: Da der größte Teil ihrer Masse unsichtbar unter Wasser liegt, weiß man nie, wie viel schon da unten geschmolzen ist – und plötzlich kippen sie um, mit Flutwelle und Riesengetöse, und wehe dem Boot, das den Respektabstand nicht einhält. Aus kleinen, im Packeis eingeschlossenen Eisbergen hackt man übrigens das Trinkwasser heraus, wunderbares, Millionen Jahre altes Wasser, das beim Auftauen sanft zischt, weil darin Millionen Jahre alte Luftbläschen eingekerkert waren. Tja, wenn Luftbläschen erzählen könnten! Aber wahrscheinlich hätten sie gar nichts zu sagen, schließlich waren sie Millionen Jahre im Eis eingeschlossen . . . was haben sie da schon Großes erlebt?

F – FRÄULEIN SMILLAS GESPÜR FÜR SCHNEE habe ich beim Hinflug angefangen und beim Rückflug beendet, die ideale Reiselektüre für Grönland, wenn man beim Umblättern über den Buchrand schaut und blaugrüne Eisberge sieht, und Dutzend verschiedene Weißtöne von Schnee, und das Meerwasser, dessen Kälte man nicht nur spürt, sondern sieht – da wird sogar der überkonstruierte Schluss des Krimis erträglich. Natürlich haben die Grönländer inzwischen ein Gespür für Fräulein Smilla entwickelt (Gespür heißt auf Dänisch übrigens *fornemmelse*): Smilla-Touren werden angeboten, Schiffe heißen Smilla, aber den (ohnehin nicht so guten) Film haben sie bisher nur im Fernsehen gesehen. Es gibt kein Kino in Grönland.

G – GOURMETS mit feuchten Träumen von Fisch-Sinfonien sollten lieber nach Marseille. Die einheimische Esskultur ist karg wie das Land: Ungewürzte Transuppe mit allem drin, was man angelt oder schießt, je fetter, desto besser, null Gemüse; die Vitamine holte man sich früher nicht im Supermarkt, sondern aus roher Robbenleber, frisch am Jagdort rausgesäbelt. Im Hotel geht's natürlich raffinierter zu, wenn auch nicht sonderlich abwechslungsreich: Heilbutt, Lachs und Dorsch (fast immer köstlich), Rentier (vorzüglich), Moschusochse (schmeckt überhaupt nicht nach Moschus), Robbe (schmeckt nach Moschus) und Wal (knorplig-zäh). Vom letzteren gibt's übrigens die Spezialität des Landes: Mattak, kleine Würfel aus roher Walhaut mit massig Speck dran. Wenn man Mattak lang genug kaut, entwickelt sich angeblich ein nussartiger Geschmack. Ich habe Mattak bis zum Kieferbruch gekaut, aber alles, was sich entwickelte, war Widerwille.

H – HUNDEÄQUATOR

ist ein anderer Name für den Polarkreis (66°30'), denn nördlich davon sind in Grönland ausschließlich Polarhunde zugelassen, zwecks Rassenreinheit; Einfuhr oder auch nur das Mitbringen anderer Hunde ist streng verboten, Fotos Ihres Köters dürfen Sie aber mitführen.

I – INUIT

nennt man politisch korrekt die Grönländer. »Eskimo« ist ein rassistisches Schimpfwort und heißt »Rohfischfresser«. Grönland selbst heißt *Kalaallit Nunaat*, das »Land der Menschen, die sich der Natur unterwerfen«, allerdings nicht unbedingt wie Greenpeace das versteht (siehe M wie MÜLL und Q wie QUOTEN).

J – JEDER

kann sich in Grönland niederlassen, sofern er den Kampf mit der Bürokratie besteht, den Horrorpreis auch für das einfachste Holzhaus zahlt und zufrieden ist, dass man das Grundstück nur pachten, aber nicht kaufen kann. Elke Meissner aus Sylt und Dieter Zillmann aus Berlin haben das schon vor zwanzig Jahren gemacht. Im idyllischen Rodebay (30 Häuser, 52 Menschen, 0 Autos) haben sie ein kleines Gästehaus samt Schiff (*»Smilla«*, was sonst), urgemütlich, vorausgesetzt, man scheut weder Plumpsklo noch 12-Bett-Schlafsaal unterm Dach (mit Schnarch-Drohung kriegen Mehrbett-Hasser wie ich das Sofa im Wohnzimmer). Elke hat die Haarfarbe von Polarhunden und den Instinkt einer Eisbärin, sie weiß absolut alles über Grönland; Dieter tendiert zum Grübeln und Tüfteln und hat mir eine selbst verfasste, handgezeichnete, elfseitige Anleitung zum Bau eines Hundeschlittens geschenkt, für den Fall, dass der nächste deutsche Winter mal richtig streng wird. Ich warte noch darauf.

K – KRIMINALFORSORGEN

stand auf dem winzigen Gebäude, das ich vom Hotelfenster aus sah, links neben der Bucht von Ilulissat, wo ständig die frisch gekalbten Eisberge vorbeitriften. Kriminalforsorgen kann nur »Verbrechensverhütung« heißen, stimmt's? Stimmt natürlich nicht, denn Dänisch ist unlogisch. Es heißt »Gefängnis«, ist aber keins, jedenfalls kein richtiges. Grönländer kann man nicht einsperren, sonst werden sie wahnsinnig – so steht's auch in »Fräulein Smilla« – also gibt man ihnen *Antabus* (siehe S wie SUFF) und lässt sie tagsüber frei, auch Mörder. Nur schlafen müssen sie im Knast. Es gibt übrigens erstaunlich viel Mord und Gewalt, und trotzdem ist Grönland eines der sichersten Reiseländer der Welt, denn die Inuit sind im Herzen friedlich und töten nur Freunde und Verwandte.

L – LAMPENLÖSCHSPIEL

hieß der Partnertausch bei den alten (aber damals jungen) Inuit, davon hatte ich schon im Alaska-Kapitel von *Feuersteins Reisen* erzählt: Waren Fremde zu Gast, gab es erst Spottgesänge, um Streitigkeiten zu schlichten, dann Trommeltänze, um die Stimmung anzuheizen. Danach wurden die Lampen gelöscht, und der Fremdling wurde zum Bettgenossen. Ethnologen sagen, das diente der genetischen Regeneration, um in den winzigen, isolierten Dorfgemeinschaften die Inzucht zu verringern, ich aber sage, es diente auch ein bisschen dem Spaß, denn es gab ja weder Buch noch Fernsehen, und man kann schließlich nicht die ganze Nacht nur über Robbenjagd reden. Und ich sage noch was:

Der Grund, warum die Lampen gelöscht wurden, war nicht die Verdunklung, sondern genau das Gegenteil. Da die Tranlichter nämlich ganz fürchterlich rußten, pustete man sie aus, damit der Rauch verschwand und man endlich erkennen konnte, wen oder was man genetisch auffrischte (siehe auch Z wie ZAPPENDUSTER).

M – MÜLL

bleibt liegen, soweit ihn die Hunde nicht fressen. Abwässer fließen ins Meer (durch beheizte Rohre, damit die Scheiße unterwegs nicht festfriert). Das Meer ist so kalt, dass es trotzdem sauber aussieht, keine Algen, keine Bakterien, keine Zersetzung. Auch Leichen kommen hier nie mehr an die Oberfläche. (Für Ertrunkene, die nicht geborgen werden konnten, gibt es auf den Friedhöfen eine eigene Sektion – was ich irgendwie unlogisch finde, denn woher will man wissen, dass sie ertrunken sind, wenn sie gar nicht geborgen wurden? Vielleicht hat sie der Eisbär gefressen? Aber was soll ich mich einmischen.)

N – NASENREIBEN

statt küssen ist ein europäisches Märchen, über das sich die Grönländer totlachen – auch darüber berichtete ich schon aus Alaska. Man küsst hier sich genau wie bei uns, aus Platzgründen aber wahrscheinlich seltener. Denn da in Grönland ein Einwohner auf 40 Quadratkilometer kommt, braucht er – statistisch gesehen – 80 Quadratkilometer, um einen Kusspartner zu finden. Und 120 Quadratkilometer, wenn einer zuschauen will. Kein Wunder also, dass ich während der ganzen Woche kein einziges Mal küssende Grönländer sah.

O – OLE DORPH

ist der Bürgermeister von Ilulissat. Er gewann damals gerade die Wahl mit einem Zuwachs von 600 Stimmen – ein Erdrutsch bei nur 4000 Wählern. Er steht hier einer Hightech-Gemeinde vor, Computer satt, modernste Telefonanlagen: Dänemark ist großzügig. Bis 1953 war Grönland dänische Kolonie, erst seit 1979 ist die Selbstverwaltung in Kraft, nur Justiz und Außenpolitik werden noch von den Dänen bestimmt. Vielleicht ist es das schlechte Gewissen, das sie so großzügig macht – wer ist heute noch gern Ex-Kolonialmacht? Für die Inuit ist das Ergebnis widersprüchlich: Wer Schule, Job und modernes Leben annimmt, hat es leicht. Der Rest ist arbeitslos und säuft … und das sind nicht wenige. Introvertiertheit ist der Nationalcharakter der Grönländer und geht bis zur Sturheit: Grönland ist das bisher einzige Land, das aus der EG wieder ausgetreten ist (1985). Ich fragte Ole Dorph, warum an seiner Tür nur »Borgmester« steht und nicht auch die grönländische Amtsbezeichnung wie auf den anderen. Weil er das nicht mag, sagt er. Auf Grönländisch heißt Bürgermeister nämlich »Leithund«. Und das ist undemokratisch.

P – PUULUKLIP TARTUNAA TAMARMIUTILLUGU SIATAQ

heißt Schweinebraten, auch das haben Sie sich natürlich aus dem Alaska-Bericht gemerkt. Während Dänisch unlogisch, aber erlernbar ist, ist Grönländisch der nackte Horror: Eine polysynthetische Sprache, sagen die Forscher, das klingt nach Wortchemie und ist es auch: Ganze Sätze werden in einem einzigen Wort ausgedrückt, wahrscheinlich auch ganze Romane. Trotzdem haben wir auch im Deutschen ein grönländisches Lehnwort, zum Glück nur ein kurzes: Kajak (*qajaq*, das *q* wird geklickt).

Q – QUOTEN

sind hier nicht fürs Fernsehen wichtig, sondern für den Walfang: 19 Finnwale beträgt die jährliche Fangquote für Grönland, das macht – bei 60 Tonnen pro Tier – 20 Kilo Wal für jeden. Weil das nicht sehr viel ist, gibt es einen Trick, eine Art Walbetrug: Im Winter, wenn das Eis wächst, sind Wale manchmal in Wasserlöchern eingeschlossen, die von Tag zu Tag kleiner werden. Jetzt braucht man nur zu warten, bis die Löcher endgültig zugefroren und die Tiere tot sind, denn tote Wale sind quotenfrei. So läuft das schon seit Jahrtausenden, und deshalb bin ich in diesem Punkt glasklar auf der Seite der Grönländer.

R – RENTNERKLIPPE

nennt man den Felsspalt über dem Eisfjord von Ilulissat, von dem aus früher die Alten in den Tod sprangen, wenn sie das Gefühl hatten, den Jungen zur Last zu fallen. So weit mein Beitrag zur Rentenreform.

S – SUFF

ist Grönlands größtes Problem. Die Inuit kann man in zwei Gruppen teilen: Solche, die saufen, und solche, die nicht saufen. Ein Zwischending scheint es nicht zu geben. Und saufen heißt reinschütten, was immer da ist, weit über die Abwinkgrenze hinaus. »Sag Nein zum Alkohol«, hieß die Aktionswoche, die ich miterlebte, mit Vorträgen, Tanz und einer Menschenkette, die recht praktisch war, weil diejenigen, die lieber Ja zum Alkohol sagten, sich daran festhalten konnten, um nicht umzukippen. Ein populäres, wenn auch drastisches Hilfsmittel ist *Antabus*, ein Disulfiram-Präparat, das man als Brause verabreicht; wer anschließend säuft, muss stundenlang kotzen. Muss ich übrigens auch, ohne Antabus. Und zwar schon nach dem dritten Bier.

T – TEUER

ist alles außer Fisch und Eiswürfel, kein Wunder, muss ja alles aus Dänemark angeschwemmt werden, und auch das geht nur in der eisfreien Zeit von Mai bis Oktober. Deshalb kostet das Bier 10 Mark und das einfache Doppelzimmer um die 250 Mark, denn das Bettzeug kommt ja auch aus Dänemark. Das gleiche kostet auch der grandiose Hubschrauberflug über den Eisfjord oder ein Tagesausflug mit dem Hundeschlitten, aber so viel zahlt man schließlich auch fürs Taxi zum Münchner Flughafen und zurück, und ich schwöre Ihnen: Die Fahrten sind zwar gleich wild, aber die Hunde in Grönland sind netter.

U – UNGEMÜTLICH

sind Temperaturen bis minus 20 Grad erstaunlicherweise kaum, dafür sorgt die geringe Luftfeuchtigkeit von höchstens 15 Prozent (bei uns im Durchschnitt: 60 Prozent). Und so zieht man sich im Frühjahr an: Thermik-Unterwäsche, darüber je zwei T-Shirts, zwei Pullis und zwei Hosen sowie Schal und Handschuhe. Dazu rutschfeste Schuhe (Achtung: keine Streupflicht auf den Gehsteigen, da es gar keine Gehsteige gibt) und mindestens drei paar Socken übereinander, denn die Füße sind am empfindlichsten – Polarforscher erkennen sich in der Sauna bekanntlich an den amputierten Zehen. Mehrschichtige Kleidung braucht man vor allem auf Schlitten oder Schiff, doch verleihen die Touristenbüros für solche Ausflüge Robbenfell-Klamotten samt Stiefel. Darin sieht man zwar aus wie Yetis Oma, kann sich aber erstaunlich gut bewegen. Und falls Sie sich immer schon gefragt haben, was die alten Inuit drunter trugen: hautenge Fell-Shorts, was sie zum Erfinder der Hot-Pants macht (habe ich leider nur im Museum an einer Puppe gesehen, sieht aber allein schon an dieser tierisch geil aus).

V – VON ORT ZU ORT

kommt man nur per Flugzeug oder Hubschrauber, weshalb jede Siedlung von mehr als 700 Einwohnern gesetzlichen Anspruch auf einen Flugplatz hat. Es gibt zwar viele Autos, aber außerhalb der Ortschaft enden alle Straßen rasch im Nichts. Eingangstor Grönlands ist der riesige, aber nur wenig benutzte ehemalige US-Stützpunkt Kangerlussuaq, ein Baracken-Paradies zum Umsteigen – oder Überleben, falls Flüge überbucht oder gestrichen sind: mit Hotel (Pay-TV mit genug Pornos für die zweimonatige Polarnacht), Supermarkt (wo man ANNA kriegt, das 560-Gramm-Notpaket für die Eiswanderung, mit Trillerpfeife, Kompass und Signalraketen), Disco (die größte Grönlands), Kirche (das Schild an der Tür sagt, welcher Gott gerade dran ist) und einem Golfplatz (18 Löcher, aber kein Gras). Rundum keine Ortschaft, nicht mal ein einziges Häuschen. Nur Steppe mit Rentieren und Moschusochsen (siehe W wie WILLY).

W – WILLY

der Moschusochse, musste sterben, weil er die Flugzeuge so liebte. Seine natürliche Heimat war Nordgrönland, aber als nach ein paar besonders strengen Wintern die Tiere dort massenhaft verhungerten, wurde er mit einer kleinen Herde nach Westgrönland geflogen und dort ausgewildert. Die

Herde fand das prima und vermehrte sich von 27 auf heute 3500 Tiere, aber Willy schlich sich immer wieder zum Flugplatz Kangerlussuaq zurück, wo er angekommen war, und stellte sich auf die Landebahn. Da er damit die Weltsicherheit gefährdete – Kangerlussuaq war damals US-Basis –, brachte man ihn per Hubschrauber ein paar Kilometer in die Berge, doch am nächsten Tag war er wieder da. Daraufhin flog man ihn 200 Kilometer ins Nichts, und diesmal dauerte es ein paar Wochen. Dann stand Willy wieder auf der Landebahn und wartete auf Bomber und Jagdflugzeuge. Da erschoss man ihn. Im Flughafen-Museum können Sie immer noch sein Bild sehen.

X – XMAS

ist Anlass für Dauerzank. Gesichert ist, dass der Weihnachtsmann übers Jahr in Grönland lebt, aber wo genau, darüber wird heftig gestritten. Ummannaq gilt als Favorit, weil in dieser Sache schon mal das dänische Fernsehen vor Ort war. Der riesige Originalschlitten von Santa Claus steht allerdings unübersehbar am Flughafen von Ilulissat. Das beweist gar nichts, sagen die Leute von Thule. Weihnachtsmänner leben grundsätzlich in der Hauptstadt, heißt es in Nuuk. Aber was soll's. Hauptsache, er bringt uns braven Kindern Geschenke. Egal woher.

Y

– gibt's nicht im Grönländischen. Auch keine Ameisen, obwohl die sonst überall vorkommen – im Permafrost-Boden haben sie ebenso viel Chancen wie bei uns in der Tiefkühltruhe. Iglus gibt's auch keine, die kommen nur in Alaska vor, sagen die Grönländer. (In Alaska, wo es nie Iglus gegeben hat, sagte man mir: Iglus gibt's nur in Grönland.)

Z – ZAPPENDUSTER

wird es eigentlich nie. Schon Anfang Mai verschwindet die Sonne nördlich des Polarkreises nur noch für wenige Stunden, dazwischen herrscht eine blau-violette Dämmerung. Man kann Untergang und Aufgang der Sonne vom gleichen Fenster aus beobachten, und vom 15. Mai bis Ende Juli scheint sie in der Diskobucht 24 Stunden lang. Im Dezember und Januar, wenn sie ganz verschwunden ist, leuchten Sterne und Polarlichter um die Wette. Überhaupt, dieses wahnsinnige Licht. Gut, dass wir schon bei Z sind, sonst werde ich noch ganz weich und romantisch . . .

SCHOTTLAND

Rumpelstilzchen lebt

Zu Ihrer groben Orientierung: Von Grönland nach Schottland ist es nicht viel weiter als von Hamburg nach Athen, aber die andere Richtung.

Wenn man mich fragt, wie mir Schottland gefällt, gerate ich ins Schwärmen: Großartig, wunderbar, toll, dort möchte ich leben, und so weiter. Wenn man aber nachhakt und wissen will, *warum* ich so begeistert bin, komme ich ins Schleudern und weiche aus.

In einem Buch kann man nicht ausweichen, denn da steht ja alles schriftlich, wodurch der Leser die Möglichkeit hat, an einer unbefriedigenden Stelle innezuhalten, das Ganze noch einmal zu lesen und so lange nicht umzublättern, bis er zufrieden ist. Als Autor steht man also enorm unter Druck. Erst elektronische Bücher werden Abhilfe schaffen: Ich werde sie so programmieren, dass sich jeder meiner Sätze, zu dem ein Leser zurückkehrt, um ihn ein zweites Mal zu lesen, in diesem Augenblick von selber löscht.

Warum also bin ich von Schottland so begeistert? In der Einzelwertung schneidet es nicht so toll ab: Der Kilt ist ein unangenehmes und peinliches Kleidungsstück, der Dudelsack klingt schrecklicher als die Stimme von Marcel Reich-Ranicki, und schottischer Malt-Whisky zählt für mich sowieso nicht zu den Getränken, sondern zu den Beiz- und Lösungsmitteln. Bleibt noch das Ungeheuer vom Loch Ness, aber ich habe ja schon Wolpers und brauche kein zweites.

Das Wetter ist es auch nicht. Zwar lautet die Regel: »Wenn dir in Schottland das Wetter nicht passt, warte eine Minute, und es ändert sich.« Stimmt, aber meistens wird es dann noch schlechter. Obwohl wir beim Drehen unglaubliches Glück hatten: Da schien zehn Tage hintereinander die Sonne. Das kommt nur alle zehn Jahre vor, sagten mir Einheimische, die natürlich übertreiben, um Schottland für Touristen attraktiver zu machen. In Wirklichkeit kommt das wahrscheinlich nur alle tausend Jahre vor, aber das kann ich nicht bezeugen, denn so oft war ich noch nicht dort.

Ebensowenig sind es die Menschen. In den Städten wirken sie nicht anders als sonstwo in England, und auf dem Land sind sie gar nicht erst vorhanden. Vor allem der Norden ist unglaublich menschenleer. Man fährt auf endlos sich windenden Straßen durchs Land, und wenn nach Stunden endlich ein Dorf kommt, scheint es ausgestorben zu sein. Selbst Häuser mit Rauchfahnen aus dem übergroßen Schornstein wirken unbewohnt.

Es ist vor allem die Landschaft. Sie hat zwar, von der Nordküste abgesehen, wenig Dramatisches zu bieten wie etwa die Wüste oder die Alpen, ist aber so intensiv, dass man sie in bleibender Erinnerung behält: Die Hügel sind runder als rund, die Wiesen grüner als grün, und ständig geht es steil rauf oder runter. Daran ist das Meer schuld, das an ganz unvermuteten Stellen mitten im Land auftaucht und die Straßen zwingt, immer wieder unten anzufangen, bei Null. Dadurch wachsen die Hügel zu Gebirgen, obwohl der höchste Gipfel Schottlands, der Ben Nevis in den Grampian Mountains, nicht mal 1400 Meter misst. Sitzriesen könnte man diese Erhebungen nennen.

Es ist eine melancholische Landschaft, von Dichtern schon bis zum Weinkrampf zersungen, aber gleichzeitig ist sie hart und alt wie der Fels, auf dem sie steht: Er zählt zum ältesten Gestein der Erde, vor drei Milliarden Jahren gebo-

Dieses Gefährt steht auf dem Flughafen von Ilulissat und soll der Schlitten von Santa Claus sein, der von Grönland aus über die Welt reist. Aber die Sache ist ziemlich unglaubwürdig. Denn erstens gibt es keinen Weihnachtsmann, und zweitens ist er auch nicht viel größer als ich und würde so ein Riesending gar nicht lenken können.

Die Polarhunde Grönlands sind faszinierende Tiere. Sie fressen einem entweder aus der Hand oder die Hand selbst, je nach Laune.

Reinhold Messner würde sagen: Das ist ein Yeti. Ein Yeti würde sagen: Das ist Reinhold Messner. In Wirklichkeit aber ist es ein schottisches Galloway-Rind. So dürfte die Urkuh der Germanen ausgesehen haben, die laut Edda einst die Götter aus dem Eis geleckt hat – für mich der Beweis, dass BSE ursprünglich von Mensch auf Tier übertragen wurde. Davon ahnt dieses anmutige Wesen nichts, aber inzwischen ist es sicher schon im Irrenhaus.

Ansichten eines Klons: Dolly, das schottische Gen-Schaf, und Feuerstein, das deutsche Maul-Tier. Ob wir uns kreuzen sollten?

Mit einem Schottenrock kann man sich ins nasse Heidekraut legen, da feuchte Wolle angeblich kuschlige Wärme erzeugt, aber fragen Sie mich nicht, wie. Das runde Ding ist übrigens keine Zielscheibe, sondern ein *sporran*, und war einst ein Kleidungsstück für drunter.

Mauerschau mit dem Clan-Chef der McLeods auf seinem Stammsitz, Burg Dunvegan auf der Insel Skye. Beide sind wir zufrieden: Er, weil kein McDonald in der Nähe ist, und ich, weil mir keiner unter den Rock schauen kann.

ren, einst Teil des Urkontinents, der Nordamerika mit Skandinavien verbunden hat. Urgestein also, das härter und dichter ist als anderswo und deshalb bestimmt auch mehr Anziehungskraft ausübt, was nicht nur die Erdenschwere für Mensch und Tier erhöht, sondern auch die Sprache so schwer macht. Allein die Ortsnamen ziehen einen tief in den Boden hinein: *Carlbhagh, Inchnadamph, Stadhlaigearraidh*, das führt zu Lauten, wie man sie sonst nur von den Galloways hört, den dunkel gelockten Urrindern Schottlands, die aussehen wie eine Kreuzung von Reinhold Messner und einem Yeti. Und wenn heute nur noch ein Prozent der Bevölkerung gälisch spricht, liegt das sicher daran, dass die meisten schon beim ersten Wort von der Erde aufgesogen wurden.

Ich liebe diese Landschaft. Sie hat etwas Lustvoll-Schauriges, man fühlt sich unwohl und heimelig zugleich, eine Atmosphäre, die ich nur zu gut kenne: meine Wohnung. Fühle ich mich deshalb in Schottland zu Hause?

Ganz bestimmt nicht, denn ich fühle mich nirgends zu Hause. Zugegeben, bei meinen Spaziergängen in den Alpentälern, wo ich zwischen Geröll und Lawinen geboren wurde, spüre ich manchmal ein Prickeln in den Fußsohlen, als suchten sie durch die Schuhe hindurch Verbindung mit dem Boden, und ich muss dann meine Schritte beschleunigen, um nicht an Ort und Stelle Wurzeln zu schlagen. Trotzdem ist mir das Wort »Heimat« fremd. Wo immer ich bin, fühle ich mich unwohl und spüre, dass ich da nicht hingehöre. Ich habe es deshalb stets vorgezogen, dort zu leben, wo ich *wirklich* nicht hingehöre; da lässt sich das Unwohlsein besser begründen. Wäre ich Engländer, wäre Schottland geradezu die Erfüllung dieses Bedürfnisses: Nirgendwo könnte ich mich besser unwohl fühlen, nirgendwo gehörte ich weniger hin – jedenfalls aus der Sicht der Schotten. Und damit sind wir beim Thema »schottische Seele«.

Das Erbgut der Schotten enthält eine einmalige Mischung europäischer Gendefekte: die Rauflust der Bayern, die Sturheit der Holländer, die Sentimentalität der Polen und die Nekrophilie der Österreicher, um nur die wichtigsten zu nennen. Da diese Verwerfungen umso besser gedeihen, je größer der Leidensdruck ist, brauchen ihre Träger zwangsläufig eine anonyme, finstere Macht, gegen die sie sich lebenslang wehren können, natürlich ohne die geringste Aussicht auf Erfolg. Bei mir war es die Mutter, bei den Schotten sind es die Engländer.

Die Geschichte Schottlands ist ein einziges Hauen und Stechen, und wenn es Frieden an den äußeren Grenzen gab, prügelten sie sich untereinander. Dabei gehörten die Schotten eigentlich auch nicht »da hin«. Ursprünglich kamen sie aus Irland und verdrängten die einheimischen Pikten, die »bemalten Männer«, wie sie Tacitus wegen ihrer blauen Tätowierung nannte. Für die Römer waren die Schotten nicht zivilisierbar, weshalb sie das taten, was sich schon gegen die ebenfalls nicht gesellschaftsfähigen Germanen als wirksam erwiesen hatte: Sie bauten eine Mauer, *Hadrian's wall*, die Barriere gegen die Barbarei.

Hinter dieser Mauer dürfte es ziemlich heftig zugegangen sein: Jeder Clan war dem anderen spinnefeind. Man mordete, plünderte und stahl sich die Frauen, und damit das Ganze auch Spaß machte, schüttete man sich mit Lebenswasser zu, *uisge beatha* auf Gälisch, das Stammwort für »Whisky«. Dieses Clan-Wesen, die Abschirmung in Familienverbände, hat sich bis heute erhalten. Auf der Hebriden-Insel Skye zum Beispiel dominieren immer noch die Clans der McLeods und der McDonalds und beäugen sich gegenseitig voller Misstrauen. Während man in Frankreich McDonalds-Buden aus kulinarischen Gründen verwüstet, hätten sie hier in bestimmten Gegenden allein wegen ihres Namens nicht die geringste Chance. Ob das Wort »abschotten« davon herkommt?*

Dass aus dieser Sammlung von Eigenbrötlern, Sturköpfen und Exzentrikern überhaupt so was wie ein Volk werden konnte, geht allein auf den englischen Erbfeind zurück: Endlich jemand, der die wilden Kerle vom Nachbarschaftszank ablenkte und den sie gemeinsam hassen konnten. Edward I. war es, der im 13. Jahrhundert Schottland zur britischen Provinz erklärte, und seither reißt der Ärger nicht ab: 400 Jahre Kriege, Überfälle, Intrigen und blutige Abrechnungen der gar nicht feinen englischen Art, bei denen es schon mal vorkam, dass man die Leiche eines getöteten Feldherrn in Einzelteile zerlegte, um sie an möglichst vielen Orten des Landes gleichzeitig ausstellen zu können; und als dann 1707 das schottische Parlament in Edinburgh zum letzten Mal zusammentrat, um nach dem Staatsvertrag mit England Krone, Schwert und Zepter in leinene Tücher zu wickeln und »für alle Ewigkeit« wegzuschließen, folgten 300 Jahre Unzufriedenheit, Murren und Drohgebärden. Gelegentlich wurde auch ein Bömbchen gezündet, aber im Allgemeinen verhielten sich die Schotten wie ein Mieter, der sich zwar die Schikanen des Hausherrn nach außen hin gefallen lässt, aber jedes Mal heimlich einen Kratzer in sein Auto macht. Nur bei den Länderspielen gegen England greifen sie zur offenen Häme: Wann immer der Angriff gegen das englische Tor rollt, fliegen in der schottischen

* Nein, tut es nicht, ich habe nachgeschaut: »Abschotten« bedeutet ursprünglich »bedecken«, verwandt mit »Schote« sowie dem lateinischen *scotum*, der Schild.

Kurve Schilder mit der Aufschrift »1314« hoch – das war das Jahr, als die Schotten zum letzten Mal eine Schlacht gewonnen hatten. Hach, was ärgern sich da die Engländer.

Aber was soll's, »alle Ewigkeit« dauerte ohnehin nur bis zum Jahr 2000, denn seither haben die Schotten wieder ihr eigenes Parlament. Und gemeinsam mit England einen neuen Feind: den Euro. Ultranationalisten ist das natürlich zu wenig. Sie setzen ihren Störkrieg fort und richten neuerdings ihren vaterländischen Hass auf eine Institution, die wie keine andere die Niedertracht der Britenherrschaft symbolisiert, weil sie ihren Würgegriff bis ins kleinste Dorf erstreckt: die Post.

Als ich zuletzt in Edinburgh war, hielt sich dort zufällig auch die englische Königin auf (nein, wir haben uns nicht getroffen). Meine Frau wollte eine Postkarte einwerfen – ich betone »meine Frau«, damit alle Leute, die nie eine Postkarte von mir erhalten, auch wirklich wissen, dass ich nie eine schreibe –, doch waren sämtliche Briefkästen versiegelt mit dem Hinweis, man möge bitte alle Poststücke persönlich am Schalter aufgeben: wegen der fanatischen Superschotten, für die es zum Sport geworden ist, während des Besuchs der Königsfamilie Knallfrösche in die Briefkästen zu stecken. Wenn doch alle Terroristen so liebenswert harmlos wären ...

Ich hatte zu Anfang eine Begründung für meine Schottland-Faszination angekündigt, bin aber gar nicht sicher, dass mir das gelungen ist. Vielleicht muss ich mich doch mit der schlichten Erklärung begnügen: Ich mag Schottland, und damit basta. Und auf alle Fälle fahre ich immer wieder gerne hin.

Einmal freilich bin ich in meiner Sympathie zu weit gegangen: Ende 1997, als ich in einem Anflug von Leichtsinn meiner Frau vorschlug, in Schottland Silvester zu verbringen. Auf Eriska, einer winzigen Inlandinsel im Westen, die für ihre Dachse berühmt ist und auf der es außerdem nur dieses alte Schloss gibt, liebevoll als Hotel geführt dank einer idealen Kombination in der Besitzerfamilie: der Vermählung von schottischem Landadel und amerikanischem Geld.

Die etwa dreißig Hotelgäste hätten jedem Kriminalroman von Agatha Christie zur Ehre gereicht: ältere Wissenschaftler und Privatdozenten, ein Oberst im Ruhestand, Edel-Pensionäre, ein Apotheker, eine ehemalige Bühnendiva, ein Dicker mit einem »Sir« vor dem Vornamen, eine blasse höhere Tochter, verschiedene Freiberufler und bestimmt auch ein Mörder darunter, sonst wären wir ja nicht auf einem schottischen Schloss. Fast alle mit Partner, alle hoch gebildet, seriös, höflich und zurückhaltend, dazu so wunderbar unaufdringlich, dass bei meinen Anfällen von Schweigelust, die mich gerade im engen Menschenkontakt so oft überfällt, ein paar sinnlose Laute als Gesprächsstoff reichten.

Die drei letzten Tage des Jahres verliefen ruhig und unauffällig. Draußen lockte eine nasskalte Schneelandschaft zu melancholischen Spaziergängen, drinnen hätte der offene Kamin gelockt, mit dem jedes Zimmer ausgestattet war, doch war er leider nur Dekoration, vermauerte Vergangenheit – das kommt davon, wenn alte Schlösser mit amerikanischem Geld renoviert werden. Dafür stand neben dem Bett ein Bücherregal, zum Glück ausschließlich mit Werken über Heraldik, Rosenzucht und die Kolonialzeit in Burma bestückt. Keine Bücher also, in deren Lektüre man sich so verbeißt, dass man sie klauen oder seine Urlaubstage verlängern muss, wenn man mit dem Lesen nicht rechtzeitig fertig wurde, aber unübertroffen als Mittel zum Einschlafen.

Da wir die Spielregeln kannten und für fünf Tage Abendklamotten mitgenommen hatten, wurden wir auch beim Dinner nicht weiter auffällig, sondern blieben in der Ecke des Speisesaals weitgehend unsichtbar. Das brachte uns – erfuhr ich später – einige Sympathien ein, denn es hatte sich natürlich herumgesprochen, dass wir nicht nur die einzigen Ausländer waren, sondern noch dazu Deutsche. Und was soll man als gebildeter Brite mit Deutschen reden? Immer nur Vorwürfe machen? Da bleibt man doch lieber höflich und ignoriert sie.

Ich weiß nicht, was die Leute an der englischen Küche auszusetzen haben: Ich finde sie vorzüglich, und die Meinung meiner Frau zählt nicht bei diesem Thema, denn die nörgelt an jedem Essen herum. Und so aß ich des Abends mit Begeisterung nicht nur schottisches Lamm, schottisches Rind und schottischen Lachs, sondern freute mich schon auf den *Black Pudding* am nächsten Morgen, diesen herzhaften Klumpen aus geronnenem Blut – nicht nur aus Gaumenlust, sondern vor allem aus Freude am Experiment, weil man anderswo dieses Zeug nie auf dem Frühstückstisch sieht, sondern höchstens auf dem Fußboden beim Tierarzt oder Pathologen.

Dann kam der Silvesterabend: großes Abendkleid für die Damen, wahlweise Smoking oder Gala-Kilt für die Herren. Auf dem Tisch lag diesmal nicht nur das ausgedruckte Festmenü, sondern auch eine goldene Pappkrone und eine Tüte Konfetti. Ich schaute mich um: Tatsächlich setzten sich alle die Kronen auf. Wir folgten dem Beispiel, und in einer Anwandlung von Geselligkeit hätte ich beinahe schon jetzt die Konfettitüte aufgerissen. Meine Frau, die mich auch sonst so oft vor taktlosen Dummheiten bewahrt, hielt mich zurück: Konfetti gibt's immer erst NACH dem Dessert, lernte ich, sonst landen die bunten Punkte womöglich in der Suppe.

Im leer geräumten Ballsaal wartete das Musikantenduo: ein älterer Her mit dem Akkordeon und eine ältere Dame, die Schulmeisterin aus dem Nachbardorf, mit der Geige. Zum Einzug spielten sie *Merry Lads of Aye* und den *Highland Fling* und danach die Aufforderung zum Tanz: *Let's Have a Ceilidh.*

Da geschah die Verwandlung. Die Festgäste im Smoking, Gala-Kilt und Abendkleid, mit goldenen Kronen auf den Köpfen, bildeten sofort einen Kreis und warfen die Schuhe hinter sich. Einer der Edel-Pensionäre entpuppte sich als ehemaliger Ballettmeister, teilte Achtergruppen ein und erklärte die Regeln. Und dann ging es rund, für jedermann, ohne Ausnahme und ohne Ländergrenzen – und damit natürlich auch für uns: herzhaft und wild, mit Anfassen und ständigem Partnertausch, kreuz und quer durch den Saal gewirbelt, schottischer Volkstanz vom Feinsten. Im Grunde ist er einfach zu lernen, enthält aber doch ein paar Kniffligkeiten, denn zwischendurch gibt es für uns Männer acht Takte lang Gelegenheit für eine Solonummer – und damit die Chance, seinen Vortänzer zu übertrumpfen. So mancher Privatdozent wurde da zu Nurejew.

Tanzen ist nicht gerade meine Leidenschaft, doch auf Socken, eine Krone auf dem Haupt – da konnte und wollte ich mich nicht entziehen. Und so lernte meine Frau, die ich sonst immer nur verlegen herumschiebe, wenn wir uns aus Höflichkeit auf einem Fest einen Walzer abquälen, mit staunenden Augen eine neue Facette meiner gestalterischen Vielfalt kennen, vor allem in den Solonummern: einen hopsenden, springenden Kobold. Rumpelstilzchen lebt.

Am Neujahrsmorgen, nach dem *Black Pudding*, gab es im

Schlosspark noch einen Spezial-Triathlon, der sich zwar nicht annähernd mit dem Wahnsinn der vergangenen Tanznacht messen konnte, von dem wir uns aber jetzt, da das Eis gebrochen war und wir als fester Bestandteil zur schottischen Folklore gehörten, auf keinen Fall ausschließen wollten: Tontaubenschießen, ein Rennen mit funkgesteuerten Spielzeugautos und diese Soloversion von Krocket, bei der man den Ball durch ein kleines Holztor hämmern muss. Meine Frau wurde Erste beim Autorennen – man wohnt ja nicht umsonst im Nachbarort von Schumi –, und ich wurde Letzter im Krocket. Auf das Tontaubenschießen haben wir mit Rücksicht auf Flugverkehr und Vogelwelt verzichtet. Und da wir am nächsten Tag abreisten, haben wir leider auch nicht rausgefunden, wer der Mörder unter den Hotelgästen war.

Bliebe noch die Frage, ob es stimmt, dass die Schotten geizig sind. Aber da bin ich befangen: Wer je eine Reiseabrechnung beim WDR eingereicht hat und dadurch das Gespenst des Geizes in aller Garstigkeit leibhaftig erlebte, weiß, was dieses Wort *wirklich* bedeutete, und wird es niemals mehr für Menschen verwenden.

Stücke vom Schaf

In der Einleitung dieses Buches hatte ich von der Begegnung mit Dolly gesprochen und wie wichtig diese für die Entwicklung meiner Gedanken war. Das Treffen mit Dolly in Schottland hingegen war rein körperlich: Ich kraulte ihr kuschelweiches Vlies und fütterte sie. Das war vor allem dadurch möglich, dass es sich beim zweiten Mal nicht um Dolly Buster handelte, sondern um Dolly, das Klon-Schaf. Und zwischen diesen beiden gibt es doch recht grundsätzliche Unterschiede, nicht nur in der Figur.

Dolly, das Schaf, war eineinhalb Jahre alt, als ich es für unseren Schottlandfilm im Herbst 1998 besuchen durfte. Dem Alter entsprechend hatte ich ein Lämmchen erwartet, aber ich traf auf ein richtiges ausgewachsenes Schaf in voller tierischer Blüte. Das kräftige Wachstum sei ein Wesensmerkmal der Retortentiere, sagte man mir damals, und ich glaubte, daraus so was wie Stolz zu hören, dass man mit den Künsten der Wissenschaft die Natur wieder mal übertroffen hatte. Inzwischen weiß ich, dass das eher ein Nachteil ist: Schon die Geburt der Klon-Schafe ist schwierig, weil sie doppelt so groß sind wie normale Lämmer – Dolly selbst hatte als einziges von zwanzig Klon-Geschwistern überlebt. Und ebenso schnell wie sie wachsen, altern diese Tiere auch. Mit nicht mal fünf Jahren ist Dolly heute vergreist und todkrank; wahrscheinlich lebt sie gar nicht mehr, wenn Sie das lesen.

Bei meinem Besuch war Dolly ein Traum von einem Schaf. In einem Paradies von einem Stall: geräumig, klimatisiert, mit einem Duft von Heu und Wolle wie auf der Heidi-Alm, alles blitzsauber, und nicht mal ein einziges Kügelchen Schafscheiße zu sehen. Ob man die weggeklont hat?

Es war gar nicht so einfach gewesen, zu Dolly vorzudringen. Das Roslin-Institut für Tiergenetik, das zur Universität von Edinburgh gehört, liegt zwar nur ein paar Kilometer von der Stadt entfernt, doch kommt man zunächst in ein ganz normales Bürohaus mit Laborräumen und geschäftig eilenden Menschen in weißen Kitteln; von Tieren keine Spur.

Nach der Anmeldeprozedur, die zwar freundlich verläuft, aber an Gewissenhaftigkeit nur von der Ausstellung eines Visums für Nordkorea übertroffen wird, geht es im Auto weiter durch einen Waldweg mit dem mehrfachen Hinweis *»Strengstens verboten«*. Er endet an einer Schranke, die nur durch eine magnetische Code-Karte zu überwinden ist. Hier beginnt der Hochsicherheitstrakt: elektrische Zäune, Kontrollposten und schließlich ein mächtiges, motorgetriebenes Portal. Wenn dieses dann langsam und theatralisch zur Seite rollt, erwartet man eigentlich Fanfaren, Scheinwerfer und Revuegirls, die mit Federkostüm über die Showtreppe trippeln. Stattdessen blöken einem Schafe entgegen.

Der Grund für die hohe Sicherheitsstufe: Dolly und ihre Wissenschaftler leben gefährlich. Denn die Klon-Experimente sind nicht nur in der Fachwelt umstritten, sondern haben auch eine militante Gegnerschaft: Fanatiker und Fundamentalisten, die im Namen Gottes oder der Natur alles künstlich Geschaffene für das Blendwerk des Teufels halten. Sie begnügen sich nicht mit Knallfröschen im Briefkasten, sondern setzen alles daran, das Experiment mit Stumpf und Stiel auszurotten. Es gab schon mehrere Versuche in dieser Richtung. Man schirmt sich daher sorgfältig ab: Weder die Namen noch die Telefonnummern der Mitarbeiter sind öffentlich zugänglich.

Dolly war nicht allein in dieser Halle, die mehr wie ein Flugzeughangar wirkte als ein Stall. Sie hatte zwar ihr eigenes, abgezäuntes Revier, aber rundherum gab es noch weitere Verschläge mit schwarzen und weißen Schafen aller Altersstufen, darunter auch Polly, das Klon-Schaf Nummer zwei als der nächste Schritt in der Versuchsreihe: Pollys Erbgut war ein menschliches Gen zugefügt worden, um aus ihrer Milch Eiweißstoffe zu filtern, als Basis für künftige humanverträgliche Medikamente.

Polly war noch nicht reif für die Milchproduktion, umso häufiger musste sie für Blutuntersuchungen herhalten. Wenn immer das Stalltor geöffnet wurde, konnte sie davon ausgehen, dass wieder ein Quälgeist zum Aderlass kam, weshalb sie uns ziemlich unfreundlich empfing: Lustlos wandte sie sich ab, als wir die Kamera aufbauten. Oder geschah dies, weil sie Wolpers erblickte und deshalb ihre menschliche Verwandtschaft zu bereuen begann?

Umso freundlicher war Dolly, die Erste. Und da ich ein bedingungsloser Anhänger der Wissenschaft bin, überkam mich frommer Schauder, als ich über den Trennzaun kletterte und vor ihr im Stroh kniete – eine Szene biblischer Wucht, die mich so sehr an meine katholische Kindheit erinnerte: an die Weihnachtskrippe im Stall zu Bethlehem. Damals lag das Jesuskind im Stroh, jungferngezeugt, mit Ochse und Schaf als Wächter. Hier war es das Schaf, unbefleckt empfangen durch den Heiligen Geist der Wissenschaft. Und als mir Dolly dann gar aus der Hand fraß, rieselte die nächste Welle der Frömmigkeit über meinen Rücken, ähnlich wie sie der Gläubige spürt, wenn ihm der Papst die Füße wäscht.

Wer den Film kennt, erinnert sich vielleicht an meinen verklärten Blick und die stotternde Hilflosigkeit im Schafstall. Aber es geschieht ja nicht oft, dass man vor einer lebenden Legende steht. Und Dollys Geburt war schließlich ein historisches Ereignis, ein Wendepunkt in der Geschichte: der Tag, als wir Männer endgültig überflüssig wurden.

Um von den mystischen Höhenflügen wieder in die Gefilde der Trivialunterhaltung runterzusteigen, drehten wir am Eingang des Instituts die passende Schlussszene für Dolly, einen Kameratrick aus zwei Bildhälften, die man später, bei der Nachbearbeitung im Studio, zu einem einzigen Bild zusammensetzen würde: Ich komme aus der Tür raus, bleibe grübelnd stehen und murmle: »Hoffentlich klont man hier nicht eines Tages Menschen!«, worauf hinter mir aus der gleichen Tür ein zweiter Feuerstein tritt, freundlich dem ersten zuwinkt und aus dem Bild marschiert. Das hat prima geklappt, und alle finden die Szene ganz nett. Nur meine Frau hat seither schreckliche Albträume.

Schon am nächsten Tag dachte ich mit Wehmut an Dollys blitzblanken Hygienestall zurück: Dort hatte ich nicht das kleinste Stückchen Schafscheiße gesehen, während ich mich jetzt, auf einer südschottischen Wiese bei Moffat, in solcher buchstäblich wälzte. Zusammen mit einer Frau, während eines Schäferstündchens. Das war zwar bei weitem nicht so erregend, wie es klingt, aber doch irgendwie interessant.

Viv Billingham ist Schäferin, und in Schottland ist das keineswegs ein aussterbender Beruf. Denn die fünf Millionen Einwohner haben insgesamt neun Millionen Schafe, und irgendwer muss sich schließlich um sie kümmern. Viv ist aber nicht irgendwer, sondern mehrfache Meisterin im *Sheepdog Trial*, dem Leistungswettbewerb für ehrgeizige Hirtenhunde und Schäfer.

Der Wettbewerb hat ein bisschen Ähnlichkeit mit dem Spielzeugauto-Rennen auf Schloss Eriska: Der Schäfer steht am Rand eines Feldes und dirigiert zwei Hunde per Fernsteuerung, aber nicht elektronisch, sondern durch Pfiffe. Damit wird ihnen signalisiert, wie sie sich zu bewegen haben, um ein Rudel verängstigter Schafe über eine festgelegte Strecke in einen Pferch zu treiben, nach einer wilden Jagd kreuz und quer über die Wiese. Der Schäfer darf dabei seinen Platz um keinen Zentimeter verlassen. Geschwindigkeit und Präzision der Hundeführung entscheiden.

Normale Hunde wären viel zu dumm oder stolz dafür. Es gibt nur eine Rasse, die dazu bedingungslos bereit ist, ja, regelrecht danach lechzt: die Border Collies. Sie bewegen sich wie die Bilder eines Films, der zwischendurch stehenbleibt: erst wie der Blitz voran, dann auf Kommando plötzlich in der Bewegung erstarrt und hinterher gleich wieder weiter. Oft robben sie flach am Boden wie ein Rekrut unter der Fuchtel des Schleifers, dann schleichen sie auf Samtpfoten wie eine Katze, und über jedem zweiten englischen Kamin hängt ihr Bild, wie sie in klassischer Lauerstellung verharren: Schnauze geradeaus, konzentrierter Blick, den Schwanz gestreckt und die rechte Vorderpfote leicht erhoben und angewinkelt. Die gesamte Palette ihres Verhaltens dient nur einem einzigen Zweck: unschuldige Schafe einzuschüchtern.

Vivs Hunde hießen Jed und Jessie, zwei brillante Schafsjäger, aber, wie man das von Champions kennt, hypersensibel, überspannt und ein bisschen hysterisch. Schon lang bevor es losging, heulten sie sich vor Jagdlust einen Wolf – im wahrsten Sinn des Wortes –, und als mir Viv die Bedeutung der einzelnen Pfiffe erklärte, drehten sie endgültig durch: Sie hörten Kommandos, sahen aber keine Schafe. Am liebsten hätten sie mich über den Parcours gejagt.

Dann war die Kamera eingerichtet und die Schafe wurden geholt, ein halbes Dutzend. Sie bewiesen, dass Schafe tatsächlich so dumm sind, wie man das von ihnen sagt. Denn sie hätten es sich leicht machen und einfach die Strecke ablaufen können, über die sie täglich gejagt wurden. Aber das überstieg ihre geistigen Kräfte: Sie konnten sich auch nach Wochen nicht merken, wo es langging, und wussten nur, dass die Hunde sie in den Pferch treiben würden, ins Ziel, wo sie ihre Ruhe hatten. Schnurgerade stürmten sie darauf los – zur Freude der Hunde, die genau wussten, dass nur Umwege zum Erfolg führen, und jetzt endlich beweisen konnten, was sie drauf hatten.

Es war unglaublich, wie viel verschiedene Pfeiftöne die Schäferin mit ihren Fingern zustande brachte, links, rechts, *stop, go*, für jeden Hund natürlich ein anderer Ton. Und es war ebenso unglaublich, wie präzise die Hunde ihr folgten. Wenn ich Billy, meinen Fernsehhund, zu einem einzigen Schritt bewegen wollte, kostete mich das jedes Mal ein Kilo Leckerli, und ich musste zudem vier Stunden lang auf ihn einreden. Und hier tanzten die Köter im Sekundenschritt nach der Pfeife. Richtig ärgerlich.

Zuletzte zeigte mir Viv, mit welchem Signal man die Schafherde ganz eng um sich schart, für den Fall, dass der böse Wolf kommt. Auch das klappte hervorragend, viel besser sogar, als wir erwartet hatten. Jed und Jessie jagten die Tiere herbei und zogen immer engere Kreise, während sich die Schafe an uns drängten. Sie stießen und schubsten, und allmählich wurde es in ihrer Mitte ganz schön ungemütlich. Ich bat Viv, das Gegenkommando zu pfeifen, aber die Schafe hatten sich schon so dicht herangeschoben, dass sie ihre Hände nicht mehr hoch bekam.

Als sich ein Schaf zwischen meine Beine bohrte, spürte ich, wie ich den Halt verlor. Ich versuchte, mich an Viv abzustützen, raubte ihr aber dadurch das Gleichgewicht. Halb zog ich sie, halb sank sie hin, und dann verschwanden wir in einem Meer von Schafen. Und als wir wieder aufstanden, waren wir über und über mit Schafscheiße beschmiert. Ich bilde mir ein, dass man sie sogar im Film noch riechen kann.

Scheiße ist übrigens das einzige Produkt vom Schaf, von dem man sicher sein kann, dass es nicht in *»Haggis«* kommt, das schottische Nationalgericht. Alles andere ist drin, lautet das Gerücht, einschließlich Knochen, Klauen und Wolle.

Das ist natürlich eine böswillige Übertreibung von Haggis-Hassern. Ich selber bin Haggis-Liebhaber, für einen Black-Pudding-Freund die logische Weiterentwicklung. Eine Schottlandreise ohne Haggis wäre für mich wie für Edmund Stoiber eine Fahrt durch München ohne Motorradeskorte. Also irgendwie witzlos.

Wie Vivs Hunde Jed und Jessie ist auch Lindsay Grieve ein Champion im Umgang mit Schafen. Er jagt sie aber nicht in einen Pferch, sondern durch den Fleischwolf, denn Lindsay ist Jahressieger der schottischen Haggis-Meisterschaft. In Hawick, nur eine Autostunde von Viv Billingham entfernt, erzeugt er das beste Haggis der Welt – und ich kochte mit.

Der schlechte Ruf von Haggis geht darauf zurück, dass es früher mal ein Arme-Leute-Essen war: Was immer nach der Schlachtung des Schafes an Innereien übrig geblieben war, schmiss man in einen Topf, streckte es mit Hafermehl, gab ordentlich Zwiebeln bei und würzte es so scharf, dass niemand auch nur die Frage aussprechen konnte, was denn das sei.

Heute geht es viel zivilisierter zu. Zwar ist es bei diesen Grundzutaten geblieben, doch wird raffinierter gemixt, stundenlang geköchelt und tagelang zwischengelagert. Außerdem hat jeder sein Geheimrezept: exotische Gewürze (Curry und Zitronengras) oder ungewöhnliche Zutaten (Rüben statt Hafermehl, Schwein statt Schaf) bis hin zu kulinarischen Perversionen wie Haggis-Lasagne, vor der nicht mal Lindsay Grieve zurückschreckt. Seine preisgekrönte Spezialität aber ist und bleibt *Haggis Legs*, die klassischen Würste, die mit wenig Wasser und umso mehr Whisky angerührt werden.

Wenngleich ich meinen Haggis aus Zeitgründen weder stundenlang köcheln noch tagelang zwischenlagern konnte, geriet er ganz vorzüglich, und während ich das niederschreibe, muss ich meinen Kopf hochhalten, um nicht das Schreibgerät mit dem Giersabber meiner Erinnerung voll zu tropfen und so die Elektronik zu gefährden. Ich könnte ja wieder mal norddeutschen Labskaus essen, mit dem Haggis entfernt verwandt ist. Aber bei allem Respekt vor Hamburg: Das wäre nur eine billige Ersatzdroge.

Haggis gibt es in allen Größen, von der »Gleich hier essen«-Packung zu vier Unzen (etwa 100 Gramm) bis zum Sechzigpfünder für die Hochzeit. Bei solch festlichen Anlässen wird er nicht nur verspeist, sondern regelrecht zelebriert: Von den Köchen auf den Schultern im Triumphzug hereingetragen, umrahmt von Wunderkerzen und schließlich vom Ehrengast mit einem Dolch angeschnitten. *Piping in the haggis* nennt man diese Zeremonie, »den Haggis reinpfeifen«. Damit ist aber nicht etwa die Unsitte hastigen Runterschlingens gemeint, sondern die musikalische Begleitung durch den Dudelsack, der mit dem Essen ohnehin ganz eng verwandt ist: Der Blasebalg des Instruments ist zwar aus Leder, wurde aber ursprünglich nach dem Prinzip des Schafsmagens konstruiert, und die »Brummer«, die drei ständig mitklingenden Basspfeifen, hören sich sowieso nicht wie Musik an, sondern wie Schafsfürze.

Auf Englisch heißt der Dudelsack übrigens *bagpipe*, also »Sackpfeife«, und könnte damit einer der vielen Kosenamen sein, die ich Wolpers gebe.

Der Reiherfelsen

Weil wir gerade bei Wolpers sind: In Schottland war er erstaunlich friedfertig. Er stattete mich mit einer regenfesten Barbour-Jacke aus, die ich auch heute noch gern trage, und versuchte nur zweimal mich zu töten. Beide Male im Zusammenhang mit Wasser, das ich bekanntlich hasse und fürchte.

Von *Whitewater Rafting*, einer Floßfahrt in ungezähmtem Wildwasser eines Bergflusses, stand kein Wort im Drehplan. Natürlich nicht, denn Wolpers wusste genau, dass ich so einem Vorhaben niemals zustimmen würde. Erst am Vorabend, als ich mich schon darauf freute, dass wir einen ganzen Tag nur für Landschaftsaufnahmen in den Grampian-Bergen zubringen würden, fragte er mich beiläufig, ob ich schon mal einen Neoprenanzug angehabt hätte, wegen der Größe; denn für die Floßfahrt brauchte ich einen solchen. Natürlich erntete er nur Gelächter auf diese Frage. Hat Mutter Teresa schon mal einen Motorradhelm aufgesetzt?

Wolpers hielt seinen üblichen Vortrag: Wie toll so eine Floßfahrt aussehen würde, ich, todesmutig in der weißen Gischt, und gefährlich wäre es sowieso nicht, nur Stufe zwei von insgesamt fünf Gefahrenstufen hätte dieser Fluss, außerdem würde Stephan an der Stelle, wo sich das aufblasbare Floß meistens überschlägt, tricksen, da könnte ich vorher aussteige ...

Ich hörte gar nicht hin. Aber dann erwähnte er zufällig und ganz nebenbei, wo das Ganze stattfinden sollte: am Oberlauf des Tay-Flusses. Da wurde ich hellhörig – und Sie bestimmt jetzt auch, liebe Bildungsbürger: *Tand, Tand, ist das Gebilde aus Menschenhand* ..., erinnern Sie sich noch?

Die Brück am Tay heißt die Ballade von Theodor Fontane (1819–1898), worin er die Katastrophe verewigt hat, die sich in der Nacht des 28. Dezember 1879 an der Tay-Mündung bei Dundee ereignete: In einem Sturm war die erst im Vorjahr über dem Fluss errichtete Eisenbahnbrücke eingestürzt, als gerade ein voll besetzter Zug darüberfuhr.

Ich hatte dieses Schauerstück vor fünfzig Jahren als Gedicht meiner Wahl in Literaturkunde vorgetragen, weil ich schon damals eine Rampensau war und man mächtig Eindruck schinden kann, wenn man mit großer Geste deklamiert, wie sich die Geister des rasenden Sturms gegen das lächerliche Menschenwerk verschwören, während ein braver Bahnwärter auf seinen Sohn wartet, der im Zug einem verspäteten Christfest entgegenfährt – und niemals ankommen wird.

»Hei! Wie Splitter brach das Gebälk entzwei!« konnte ich zum dramatischen Höhepunkt brüllen, um dann mit zitternder Stimme Lehrer und Mitschüler nochmals zu warnen: *»Tand, Tand, ist das Gebilde aus Menschenhand.«* Durfte ich mich einem solchen Fluss verweigern? Noch dazu 1998, im Fontane-Jahr? Wo ich dafür eine Eins bekommen hatte?

Ich hatte mir aber ausbedungen, nur bis zur Anlegestelle zu fahren und die Sache in aller Ruhe anzusehen, mit dem Recht, die Fahrt selber bis zur letzten Minute absagen zu können. Aber man weiß ja, wie das ist: Da marschiert man groß mit der Kamera auf, die Leute vor Ort haben alles nett vorbereitet, das Floß dümpelt im Wasser, den Kälteanzug habe ich auch schon angezogen, unterm Arm trage ich den Sturzhelm, Neugierige stehen herum – und jetzt zurück?

Schlimm genug, wenn der Bootsführer ein Kraftprotz ist, weil er sich dann meistens genötigt fühlt, dies durch besonders tollkühne Manöver zu beweisen. Ist er zusätzlich auch noch ein Clown, ist die Katastrophe so gut wie sicher, denn jetzt muss er auch noch Faxen machen. Es gibt nichts Schlimmeres, als mit solchen Typen in einer Seilbahngondel zu sitzen: Diese Idioten MÜSSEN einfach schaukeln. Einem Clown kann man das zur Not verbieten, aber was macht man, wenn er auch ein Kraftprotz ist?

Unser Bootsführer war nicht nur ein Kraftprotz und Clown, sondern auch noch ein Menschenschinder. Unter dem Vorwand »Sicherheitsvorschrift« drückte er jedem ein Paddel in die Hand und quälte uns mit sinnlosen Manövern, »um das Floß im Gefahrenfall zu retten«. Die Rettung der Insassen interessierte ihn nicht die Bohne.

Dann ging es los. Ständig brüllte er uns wie ein Galeeren-Einpeitscher irgendwelche Kommandos zu, und ständig mussten wir mit dem Paddel im Wasser stochern, als ob die Strömung, die uns über Felsen und Baumstämme schleuderte, nicht von sich aus schon schnell genug gewesen wäre. Dazu spulte er sein Faxenprogramm ab: Er tat, als sähe er Hindernisse im Wasser nicht, um dann im allerletzten Augenblick doch noch auszuweichen; er führte als lustige Einlage vor, wie man großbusigen Frauen Herzmassagen verabreicht (von hinten); und er hielt sich an einem überhängenden Ast fest, zog sich daran hoch und ließ sich hinter dem Boot mit einem Tarzanschrei ins Wasser fallen – war aber leider schon wieder an Bord, bevor ich noch nach dem Vorbild der »Bounty« eine Meuterei organisieren konnte.

Wenigstens hielt Wolpers sein Versprechen und ließ mich vor der Stelle aussteigen, wo das Floß umkippen könnte. Es kippte dann auch tatsächlich um, dank der Nachhilfe durch den Schinderhannes, und im Film sieht es hoch dramatisch aus, als wäre ich mit drin gewesen.

Trotzdem besteige ich nie wieder irgendein aufblasbares

Zeug auf Wasser. Nicht mal eine Schwimmente. Auch einen Neopren-Schutzanzug fasse ich nie wieder an: Ein unangenehmes Gefühl auf der Haut und ein seltsamer Geruch noch dazu, den man auch hinterher nicht so schnell los wird. Kein Wunder: Wolpers hatte ihn ausgesucht; ich selber hatte einen anderen gewählt, einen sauberen und geruchlosen, aber da passte ihm die Farbe nicht. *»Tand, Tand, ist das Gebilde von Wolpershand!«* hätte Fontane dazu gesagt. Aber mit dem letzteren bin ich auch durch: Nie wieder werde ich mich von der Literatur zu sinnlosen und lebensgefährlichen Aktionen verleiten lassen.

Trotzdem gelang es Wolpers, mir ein weiteres Wasserabenteuer aufzudrängen: am letzten Drehtag in Schottland, auf den Shetland-Inseln.

Eigentlich sind es Inseln ganz nach meinem Geschmack: Noch karger als das schottische Hochland, noch melancholischer, und fast schon außerhalb der Welt. Nach London sind es tausend Kilometer, zur Polargrenze nur noch sechshundert. Die See ringsherum ist immer rau, im Westen sogar bösartig, und das Klima duldet keine Kühe mehr, nur noch Schafe und einen Restbestand der zottigen, kleinen Shetland-Ponys, denen es besser geht als je zuvor: Früher mussten sie als Grubenpferde im Bergwerk schuften, heute sind sie nur noch verwöhnte Kuscheltiere.

Insulaner sind sowieso ein schwieriger Menschenschlag, das wissen wir von Sylt. Doch während die Sylter schon seit hundert Jahren die Touristen haben, an denen sie sich abreagieren können, hatten die 25 000 Shetlander als Reibungsfläche nur die englische Regierung, die sie zwar nicht gerade ablehnten, aber ignorierten, so weit es ging. So war es früher, als man hier noch ausschließlich von Fischfang und Strickwaren lebte, und so ist es bis heute geblieben, trotz des neuen Reichtums durch das Erdöl. Denn ein echter Shetlander fühlt sich kein bisschen britisch, und auch schottisch höchstens zu zehn Prozent. Er hat deshalb nicht die geringste Lust, sich von irgendwem außerhalb seines Inselreiches dreinreden zu lassen – ein bisschen ähnlich, wenn auch nicht ganz so heftig, wie auf den Färöer-Inseln, noch nördlicher und noch wilder als die Shetlands gelegen, die gerade den Aufstand gegen ihr Mutterland Dänemark proben.

Das berühmte, wegen seiner hohen Qualität heiß begehrte Nordsee-Erdöl im flachen Wasser des East Shetland Basin war vor dreißig Jahren entdeckt worden, genug Öl, um den Eigenbedarf Englands für ein halbes Jahrhundert zu stillen. Sofort schwirrten wichtige Leute auf dem Flugplatz von Sumburgh ein und legten ihre Pläne vor: Man würde Pipelines von den Offshore-Bohrinseln bis zum Hafen legen und diesen gigantisch erweitern, für die größten Supertanker der Welt, natürlich samt den zugehörigen Büro- und Verwaltungsbauten.

Die Shetlander erwiesen sich als genauso stur, wie das ihr Ruf verlangte, und sagten Nein. Das würde ihre kleine Inselwelt zu sehr und zu nachhaltig verändern, es würde zu viele Störungen geben, zu viele Abfälle; allein durch Reinigung und Pipeline-Lecks, so hatten sie errechnet, würden sich 135 Tonnen Öl pro Woche in das Wasser des Hafens ergießen, das könne die empfindliche Umwelt mit ihren einmaligen Vogelfelsen und Hummerbänken nicht verkraften.

Sie sagten aber nicht ganz Nein, sondern auch ein bisschen Ja: An den Bohrinseln selbst gäbe es natürlich nichts auszusetzen, aber man müsse mitreden dürfen, mit Vetorecht, was immer da draußen passiert. Und so kam es, dass die Shetlander nicht nur größere Autonomie in der Selbstverwaltung erhielten als irgendwo anders im britischen Königreich, sondern zusätzlich einen Anteil an jeder Tonne hier geförderten Öls kassieren dürfen. Aus den Fischern und Strickerinnen sind Wohlstandsbürger geworden, und die Inseln sind heute die zweitreichste Region Schottlands, gleich nach der Gegend um Edinburgh, dem »schottischen Silicon Valley«, wo mehr als die Hälfte aller britischen Computerfirmen angesiedelt ist.

Ganz so märchenhaft ging es dann doch nicht weiter. Denn was nutzt die Verweigerung von Pipelines und Ölhafen, wenn ein Supertanker mit defekten Maschinen unaufhaltsam auf die Küste zu treibt und an den Klippen zerschellt? Genau das geschah im Januar 1993, und statt 135 Tonnen die Woche ergossen sich 80 000 Tonnen an einem einzigen Tag ins Meer. Und am Tag darauf an die Felsen und Strände der Inseln.

Die Natur verfügt über unglaubliche Heilkräfte, das hatten wir schon in Alaska erlebt, wo bei einer ähnlichen Katastrophe die doppelte Menge Rohöl ausgeflossen war und 2000 Kilometer Küste verseucht hatte: Sechs Jahre später war keine Spur mehr davon zu sehen.

Sechs Jahre waren inzwischen auch auf den Shetlands vergangen und es ist alles wieder so, wie es war: eine makellose Landschaft mit unzähligen Vögeln auf den Steilklippen, fischreiches, klares Wasser rundherum und Robben, die sich sogar im Hafenbecken tummeln. Wenn ich mich an diese einmalige, wildromantische Küstenlandschaft erinnere, frage ich mich, ob ich Wolpers diesmal nicht Unrecht zufüge. Die beiden Tage auf den Inseln waren doch ein grandioser Abschluss unserer Schottlandreise gewesen. Wo war da sein Mordversuch?

Zum Glück fiel es mir wieder ein: Durch boshafte Routenänderung hatte er mich seekrank gemacht, und weil es einem in diesem Zustand so dreckig geht, dass man nur noch sterben möchte, ist das doch eindeutig ein Mordversuch, oder?

Wir sollten eine Pflegestation für kranke Robben besuchen, aber aus irgendeinem Grund klappte das nicht. Stattdessen schickte mich Wolpers hinaus auf Fangtour mit einem Hummerfischer. Das würde zwar mein Erträglichkeitslimit auf hoher See – eine Stunde – bedeutend überschreiten, aber da die Hummerbänke ganz nah an der Küste liegen, erhob ich keinen Einwand. Ich ahnte ja nicht, wie bewegt das Meer dort war, und wie winzig das Fischerboot.

Der Beruf eines Hummerfängers auf den Shetlands ist, sofern man das Meer verträgt, ein Traumjob. Es gibt nicht sehr viele von ihnen, da man eine Überfischung vermeiden will und deshalb mit den Lizenzen sparsam umgeht. Dafür gibt es umso mehr Hummer: Robert Irvine, mein Fischer, brauchte nur von Boje zu Boje zu tuckern und die Kästen, die darunter hingen, einzuholen – alles voller zappelnder Krebse. Nur die größten Tiere behielt er, der Rest flog gleich wieder über Bord.

Mit zunehmendem Wellengang begann ich Wolpers zu hassen, weil er sich weigerte, ebenfalls seekrank zu werden. Da ich in solchen Momenten zur Selbstzerstörung neige, weigerte ich mich, meinen Sitz auf dem offenen Verdeck zu verlassen, auch wenn ich ständig von der Gischt gewaltiger Brecher übergossen wurde. Wobei ich fairerweise zugeben muss, dass Wolpers immer wieder versuchte, mich nach innen zu locken, ins Trockene. Aber mir war viel zu übel, um aufzustehen, und weil er im Unterschied zu mir noch gehen und reden konnte, hasste ich ihn noch viel mehr.

Richtig grauenvoll wurde es dann vor dem riesigen Vogelfelsen, der fast senkrecht aus dem Wasser ragt, weit über hundert Meter hoch und dicht an dicht mit Vogelnestern besetzt. Denn hier mussten wir den Motor abstellen, damit Stephan, den wir samt Stativ auf einem vorgelagerten Felsbrocken abgesetzt hatten, mit originaler »Atmo« filmen konnte: mit Vogelgekreisch und Meeresrauschen. Und wenn es schon schrecklich genug ist, in einem Boot *mit* Motor durch die Brandung zu pflügen, ist es *ohne* Motor die reine Hölle: Hilflos schaukelte die Nussschale nach allen Seiten, zwei Meter rauf und zwei Meter runter, manchmal quer und manchmal in der Länge, und ich saß in der Ecke und litt wie nie im Leben, und schuld war Wolpers.

Über mir schrien und flatterten die Vögel. Zehntausende von Möwen gab es hier. Aber nur einen einzigen Reiher. Nämlich mich.

McTourist

Im Anfang war das *Wort*. So heißt der englische Fachausdruck für die Flüssigkeit, die den Zucker aus der gemahlenen Gerste löst. Dann kommt Hefe dazu, und aus dem *Wort* ward Whisky, vereinfacht dargestellt im Sinne von Johannes, dem Evangelisten. (»Johannes, dem Säufer«, hatte ich ursprünglich geschrieben, aber das war mir dann doch zu plump.)

In Wirklichkeit ist es natürlich etwas komplizierter. Da wird geröstet und gegärt, da blubbert und schäumt es, da gibt es große Bottiche und riesige Kupferkessel, und bis zu dreimal läuft der Saft durch die Destillieranlage. Erst dann entscheidet der Brennmeister, ob er gut genug ist, mindestens sieben Jahre in einem Holzfass eingelagert zu werden, auf dass er zum echten schottischen Malt-Whisky heranreift.

Ich hatte mir alles genau erklären lassen, denn ein Schottlandfilm ohne Whisky wäre wie ein Texasbericht ohne Hinrichtung. Gewissenhaft drehten wir den Werdegang des Gebräus, doch gab es einen Haken: Ich durfte nichts kosten. Dabei hatte ich mir das so lustig ausgedacht: Mit einem Messbecher wollte ich die Bottiche abschreiten, um von jedem Stadium eine Kostprobe zu entnehmen, und mit zunehmender Angeregtheit würde ich das Ganze erklären. Sofort gab es Krach mit Wolpers, der das großartig fand, aber unbedingt wollte, dass ich am Ende sturzbetrunken in ein Eichenfass falle. Solchen aufgesetzten Blödsinn hasse ich wie die Pest, ganz abgesehen davon, dass es alles andere als einfach ist, glaubwürdig einen Betrunkenen zu mimen – das weiß ich, seit ich an der Leipziger Oper den Gefängniswärter Frosch in der *Fledermaus* gespielt habe.*

Aber wie gesagt: Ich durfte nichts kosten. Nicht mal den kleinsten Schluck. Diese Weigerung hatte nichts mit dem angeblichen schottischen Geiz zu tun, sondern ist Vorschrift von Finanzamt und Zoll: Nur versteuerter Whisky darf getrunken werden, egal in welcher Form; die Mengen sind genau berechnet, die Destillieranlage sogar amtlich versiegelt. Natürlich hätte es niemanden gestört, wenn ich mich privat aus dem Bottich bedient hätte, aber vor laufender Kamera ist das tabu. Denn wer weiß, vielleicht sieht das die Königin, und dann gibt's eine Staatskrise. (Was wir damals noch nicht wussten: Ich hätte ruhig kosten und sogar den

* Der Verleger meint, mit diesem Nachsatz wolle ich nur angeben; er habe keinen Zusammenhang mit dem Inhalt.**

** Der Verleger hat Recht.

halben Kessel leer trinken können, denn das Ergebnis des Drehs war so dürftig ausgefallen, dass wir die Whiskyreportage im Film gar nicht verwendet haben.)

Über hundert Whiskydestillerien gibt es in Schottland. Besonders viele davon liegen in der Nähe des Binnensees Loch Ness, dem Wohnort des berühmten Ungeheuers, was übrigens die Chance für seine Sichtung gewaltig erhöht – vor allem für jene, die gerade eine Whiskyprobe hinter sich haben. *Whisky Trail* nennt sich die Straße quer durchs Land, an der die meisten Brennereien liegen, eingezeichnet in jeder Touristenkarte, wahrscheinlich als Warnung, dass man hier mit ungewöhnlichen Manövern entgegenkommender Fahrzeuge zu rechnen habe.

Es wird Sie bestimmt enttäuschen, wenn ich gestehe, dass mich Nessie, die Seeschlange, nicht sonderlich interessiert. Fabelwesen, nach denen man seit tausend Jahren vergeblich sucht, finde ich langweilig. Da müsste schon mal was passieren, wie zum Beispiel in dem Bergsee von Kamerun, der mitunter riesige Gasblasen ausrülpst und Mensch und Vieh vernichtet; oder im Starnberger See, wo wenigstens König Ludwig II. ertrunken ist. Aber im Loch Ness passiert nichts.

Schon der Name ist irreführend, denn ein See, der 36 Kilometer lang, aber gerade mal tausend Meter breit ist, ist kein Loch. Schuld ist das Gälische, denn *Loch*, stammverwandt mit dem englischen *lake*, heißt nichts anderes als »See«, womit aber nicht nur ein Binnensee gemeint ist, sondern auch ein Fjord, sofern er tief genug ins Land schneidet und dadurch aussieht wie ein See. Ist der Fjord breiter, nennt man ihr *Firth*, was zu den herrlich klingenden Adelstiteln der südschottischen Buchten führt: *Firth of Clyde* oder, unser aller Liebling, Seine Hoheit der *Firth of Fourth*.

Wenigstens wirkt Loch Ness unheimlich. Allerdings

nicht bei Sonnenschein: Da erscheint der See harmlos, lieblich und blau. Aber da dies nur selten passiert, ist er meist düster und grau. Und wenn dann gar die Wolkenfetzen über die Hänge jagen, wird er böse und schwarz. Das Wasser ist ohnehin nicht einladend, auch nicht bei Sonnenschein: Der hohe Torfgehalt verleiht ihm eine bräunlich schmutzige Farbe, Taucher sehen in der Brühe keinen Meter weit und Ertrunkene kommen nie wieder an die Oberfläche, weil sie im moorigen, klebrigen Schlick versinken, in einer Tiefe von mehr als 300 Metern.

Den ersten Bericht über Nessie gibt es aus dem Jahr 565, vom heiligen Columban, der gerade vorbeikam, als das Monster zwei Heiden fressen wollte. Den einen hatte es schon erwischt, der zweite wurde noch rechtzeitig bekehrt, und Nessie musste die Flucht ergreifen. Aber ich bezweifle, dass das so stimmt. Bei allem Respekt vor dem Heiligen: Columban war Missionar unter wilden, grimmigen Kerlen. Die kann man nicht mit Erbauungsgeschichten beeindrucken, da muss man schon vollmundig auftreten und ein bisschen übertreiben, wenn man was erreichen will – fragen Sie jeden Gewerkschafter. Wahrscheinlich wollte der fromme Mann am Seeufer einen Ungläubigen bekehren, und als sich dieser gegen den rechten Glauben wehrte und es deshalb eine Schlägerei gab, war der Heide ausgerutscht und ins Wasser gefallen; Columban hatte ihn natürlich wieder rausgezogen – Heiligkeit verpflichtet –, aber hinterher, bei jeder Nacherzählung, die Geschichte ein Stück aufgebauscht. Doch selbst wenn sie stimmt, darf man nicht vergessen, dass es damals von Ungeheuern und Drachen nur so wimmelte und der Leibhaftige persönlich ans Fenster klopfte. Da waren solche Begegnungen an der Tagesordnung, heute erleben das nur noch Esoteriker.

Was hat man nicht alles getan, um Nessie zu finden: Tauchgänge, Echolot, Radar und Wärmekameras, alles umsonst. Fallen wurden gelegt, ein spezielles U-Boot dafür gebaut, und am Südostufer hockt schon seit zehn Jahren Steve Feltham vor seinem Wohnwagen und beobachtet durch ein Fernglas den See. »Morgen kommt sie«, sagt er, ebenfalls schon seit zehn Jahren. Einmal senkte man sogar mehrere Unterwasser-Lautsprecher in die Tiefe und spielte daraus die Fünfte von Beethoven ... ohne Ergebnis. Ich glaube aber, das lag an der Musik. Ein paar Takte von Patrick Lindner oder Dieter Bohlen, und Nessie wäre sofort aus dem Loch gesprungen und in den nächsten Plattenladen gestürmt, um mehr davon zu besorgen.

Loch Ness war trotzdem ein wichtiger Bestandteil unseres Films, nicht nur für die Eröffnungsszene. Denn am östlichen Rand des Sees, auf der schmalen Landbarriere, die ihn von der Meeresbucht des Moray Firth trennt, liegt die düster-stolze Stadt Inverness, das Handels- und Verwaltungszentrum der schottischen Highlands. Dort ließ mir Wolpers einen Gala-Kilt anfertigen, maßgeschneidert im Traditionshaus von Hector Russel, dem berühmtesten Kiltmacher von Schottland.

Damit Sie jetzt nicht in einen Sympathierausch für Wolpers verfallen: Gekauft hat ihn der Geizkragen nicht, nur anfertigen lassen, damit wir das alles drehen können, vom ersten Maßnehmen bis zum fertigen Stück. Hinterher gab er ihn wieder zurück, und inzwischen hat ihn bestimmt einer der vielen japanischen Touristen erworben, der die gleichen idealen Kleidermaße hat wie ich.

Sieben Meter Stoff braucht man für den Kilt, denn er wird in viele Falten gelegt und muss dann immer noch lang genug sein, um eineinhalbmal um die Hüfte zu reichen.

Aber bevor man auch nur an eine einzige Falte denken kann, steht man vor einer schwerwiegenden Entscheidung: Welches Muster?

Für Nichtschotten ist das Problem nicht ganz so groß, da stehen eigentlich nur die gängigen Touristenmuster zur Auswahl, *Caledonian* und *Jacobite*, rot oder grün. Für die Einheimischen hingegen ist sie schwieriger als die Wahl für Ismelda Marcos, welche Schuhe sie heute anziehen soll. Denn während Ismelda knapp 1200 Paar im Schrank stehen hatte, gibt es für den Schottenrock über 1300 Muster – *Tartans* genannt –, und sie alle haben ihre eigene Bedeutung. Die meisten sind den verschiedenen Clans zugeordnet, andere bestimmten Berufsgruppen. Auch die Militärs haben ihre eigene Musterung, die Adeligen sowieso, und die Königsfamilie trägt natürlich ausschließlich *Royal Tartan.*

Ich hatte einen *Caledonian Tartan* ausgewählt. Zehn Stunden nähte die Schneiderin daran. Und da ich ein komplettes Gala-Outfit bekam, blieb es nicht beim Rock. Da kamen auch noch Dinner-Jacke, Rüschenhemd, Mütze, Strümpfe und der nötige Kleinkram dazu. Als alles fertig war, sah ich aus wie ein Gott.

Ich weiß, ich habe zu Anfang des Schottlandkapitels den Kilt »peinlich« genannt, »unangenehm« noch dazu. Aber das habe ich nicht so gemeint. Das war vielmehr ein Anreißer zum Aufbau der Erwartung, Reizwörter zur Förderung der Spannung – und wie Sie sehen, hat es funktioniert: Sie lesen ja dieses Buch immer noch.

In Wahrheit ist der Kilt ein solides Kleidungsstück, praktisch für viele Gelegenheiten, die ich jetzt gar nicht zu nennen brauche, und überraschend warm noch dazu. Wer sich über ihn lustig macht, hat keine blasse Ahnung. Es ist überhaupt nichts Tuntenhaftes an ihm, im Gegenteil: Erstens sind die Kilts von Männern und Frauen verschieden gewikkelt, genauso wie diese selbst; niemand käme auf die Idee, als Mann einen Frauenkilt zu tragen und umgekehrt. Und zweitens ist ein Männerkilt männlich bis zum Exhibitionismus, allein schon durch den *sporran*, dieses um die Hüfte hängende Futteral mit den Bommelchen dran. Früher steckte das Pimmelchen drin, heute trägt man den ledernen Schutz außen und verwahrt darin das Zweitwichtigste, was man an sich hat, nämlich Geld und Kreditkarten. Und am Strumpf der rechten Wade steckt, durch einen Zierstraps gehalten, ein Dolch. Ehemals ein echter, heute einer aus Plastik, damit man sich nicht die Krampfadern ansticht. Wenn man zu einer Hochzeitsfeier geht, nimmt man zusätzlich ein Schwert mit. Damit darf man traditionsgemäß ein Stück der Torte absäbeln oder es verteidigen, wenn es einem jemand wegnehmen will.

Mein großer Tag im Gala-Kilt kam, als ich den Clan-Chef der McLeods besuchte, auf seinem Stammsitz, der mittelalterlichen Burg Dunvegan auf der Insel Skye. Das Team war noch beim Auspacken, Stephan richtete die Kamera ein, und ich wartete abseits, im Schatten eines Baumes, auf meinen großen Auftritt.

Da fuhr ein Kleinbus mit einer amerikanischen Touristengruppe vor. Mehrere weißhaarige Damen in Shorts und Tennisschuhen liefen in freudiger Erregung mit ihren Kameras auf mich zu. Schon vier Tage seien sie jetzt im Land, jubelten sie, aber noch nie hätten sie einen richtigen Schotten im Originalkostüm gesehen. Ob sie mich fotografieren dürften?

»Natürlich«, sagte ich auf Gälisch und war stolz darauf, bald in einem Dutzend Fotoalben als würdiger Vertreter dieses wunderbaren Landes kleben zu dürfen. Damit war ich Ehrenschotte geworden. Mr McTourist, gewissermaßen.

Ich wusste genau, was als Nächstes kommen würde, aber die alten Damen drucksten eine Weile herum. Dann fasste sich eine ein Herz: »Was tragen Sie unter dem Kilt?«

»Einen Hengstschwanz«, sagte ich, wiederum auf Gälisch, denn ich wollte ja niemanden erschrecken.

EINMAL INDIEN
UND ZURÜCK

Wenn man etwas ein dutzendmal gemacht hat, gilt man als Experte. Ich bin demnach ein Experte für Dosenöffnen, Blumengießen, Mittagsschläfchen, Namenvergessen, Quengeln und Zappen, um nur einige Beispiele zu nennen, sowie auf bestem Weg dahin beim Sex.

Als mich Alexander Gorkow von der ›Süddeutschen Zeitung‹ anrief und fragte, ob ich in meiner Eigenschaft als Reiseexperte ihm ein paar Tipps geben würde, konnte ich natürlich nicht Nein sagen. Die Sache sei so, sagte Gorkow (im folgenden G. genannt): Seine Frau könne sich dem Wellness-Trend nicht länger entziehen und wolle deshalb unbedingt zur ayurvedischen Kur nach Indien; er selber sei aus einer Vielzahl von Gründen nicht sonderlich scharf darauf, doch müsse man bei guten Frauen schon mal Scheiße fressen – und wer weiß das besser als ich. Er würde sich aber sicherer fühlen, setzte G. fort, wenn wir während seiner Reise im täglichen Kontakt stünden, am besten durch einen Faxwechsel: Er würde mir seine Ängste und Nöte schildern, die ich dann mit Expertenrat lindern oder gar beseitigen könnte. Und anschließend würde die ›Süddeutsche‹ das abdrucken, fügte er schlitzohrig hinzu, weil er genau wusste, dass ich das für ihn allein niemals machen würde.

Dann fuhr G. los, und wir tauschten zwölf Tage lang Faxe aus.

Kurz vor dem geplanten Abdruck ereignete sich in Indien ein schweres Erdbeben, von dem auch der Urlaubsort betroffen war. Man beschloss deshalb, die Veröffentlichung zu verschieben, denn zu diesem Zeitpunkt hätte der lockere Ton unseres Briefwechsels frivol und taktlos gewirkt, zumal mein ehrlicher, gut gemeinter Expertenrat von anderen Menschen immer wieder als zynisch und boshaft missverstanden wird. Das ist das alte Dilemma der Humoristen-Zunft: Wann darf nach einem Unglück wieder gelacht werden? Laut Woody Allen ist Humor »Tragödie plus Zeit«; über den Dreißigjährigen Krieg dürfen wir uns längst offen auf die Schenkel klopfen und auch Hitler wird allmählich komisch. Aber wer setzt den Maßstab? Wer verkündet die Regeln, bei wie vielen Toten nach wie vielen Tagen das Lachverbot endet? Und vor allem: Wer befolgt sie, wenn Typen wie ich bei den größten Tragödien am meisten lachen müssen, schon aus Abwehr und Selbstschutz?

Aber das nur nebenbei. Denn in dem folgenden Briefwechsel geht es gar nicht um Tragödien, sondern um Wellness. Obwohl das in meinen Augen auch eine ziemlich traurige Angelegenheit ist.

München, 3. November

Verehrter Feuerstein,

obwohl ich nicht nach Indien wollte – überall hin, aber nicht nach Indien –, hat meine Frau im Rahmen einer tückischen Absprache mit der Reiseredaktion einen so genannten Wellnessurlaub für sich und für mich ebendort gebucht. Die Reise führt uns einige Tage nach Neu-Delhi und dann auf einen Ausläufer der Himalajakette, 1000 Meter über der heiligen Stätte Rishikesh am Ganges. Obwohl wir dort im luxuriösen *Mandarin Ananda in the Himalayas* untergebracht sind, habe ich Angst: vor frei liegenden Stromkabeln, Lepra, sämtlichen Pest- und Fieberarten sowie anderen Krankheiten, die sich alle Indienreisenden, die ich kenne, bisher dort geholt haben. Zum Beispiel die Amöben-Ruhr. Da ich weiß, dass Sie schon viel rumgekommen sind in der Welt, bitte ich Sie, mir mitzuteilen, auf was und wen man als primär ängstlicher Mensch in Indien achten sollte. Danke.

Ihr G.

Köln, 3. November

Lieber G.,

Angst vor freiliegenden Stromkabeln brauchen Sie nur in Deutschland zu haben. In Indien werden frei liegende Stromkabel sofort geklaut. Problematisch hingegen ist Ihre Angst vor der Amöben-Ruhr. Denn Parasiten spüren diese Angst, weil sie darin – zu Recht – eine Schwäche vermuten, und werden Sie sofort befallen. Da Sie aber einen Wellnessurlaub gebucht haben, kriegen Sie ohnehin nichts Anständiges zu essen, und die Amöben werden elend verhungern. Ich finde das ziemlich schäbig, denn vergessen Sie nicht: Auch wir Menschen sind Schmarotzer im Schoße der Natur. Gute Reise.

Ihr Herbert Feuerstein

München, 6. November

Lieber Feuerstein,

vielen Dank für Ihren Rat. Ich habe mir heute noch eine Hepatitis-Prophylaxe spritzen lassen, ferner sind wir jetzt im Besitz von Malaria-Tabletten, die aber nach Auskunft der Ärztin im Extremfall nichts nützen. In Delhi werden wir im neuen *Grand Hyatt* untergebracht sein. Die Hotels sind furchtbar teuer. Zwar ist dort die Gefahr, an Amöben-Ruhr zu erkranken, geringer. Andererseits frage ich mich, ob es angemessen ist, auf diese Art und Weise durch ein so armes Land zu reisen. Aber: Wellness ist Wellness! Oder?

Ihr G.

Köln, 6. November

Lieber G.,

nein. Wellness ist überhaupt nicht Wellness, wenn man sich quengelnd und voller Schuldgefühle darauf zu bewegt. Vergessen Sie nicht: Sie sollen sich erholen und nicht Mutter Teresa ersetzen. Natürlich gebe ich Ihnen gerne und jederzeit den gewünschten Rat. Derzeit würde dieser lauten: Bleiben Sie zu Hause.

Ihr Herbert Feuerstein

PS: Machen Sie sich keinen Kopf wegen der hohen Hotelpreise. Luxushotels schaffen eine Menge Arbeitsplätze, und mit fünf Hunnies pro Tag und Zimmer tun Sie mehr für Indien als mit einem reinen Gewissen im Schlafsack.

Delhi, 10. November

Lieber Feuerstein,

ich schreibe Ihnen schon aus Delhi, obwohl ich Ihnen eigentlich erst aus Rishikesh schreiben wollte, wo unser Wellnessurlaub beginnt. Der Grund: Ich musste heute einmal an Deutschland denken und einmal an Sie.

Zu Deutschland: Ist es nicht wunderbar, dass auch das indische Parlamentsviertel in Delhi übersät ist von Affen? Hunderte von ihnen sprinten rund um den Regierungspalast und spielen sich am Po herum. Wenn man ein Foto von ihnen machen will, lächeln sie. Unsere indische Begleiterin klärte uns auf, dass die Affen nur deshalb lächeln, weil sie erwarten, dass vorne aus dem Fotoapparat Nüsse fallen. Fallen keine Nüsse heraus, werden sie ungemütlich. Da wir keine Nüsse dabei hatten, sind wir noch ein wenig pfeifend die Straße entlang gelaufen und dann schnell in ein Taxi gesprungen.

Nun, lieber Feuerstein, zu Ihnen: Geht man nachts durch Delhi, ist man kontinuierlich von kleinen Männern umgeben, die einem irgendeinen Quatsch andrehen wollen. Um Ihnen zu erläutern, wie das nervt, habe ich mitgezählt: Hätte ich nicht exakt 48 Mal »No!« gerufen, wären meine Frau und ich jetzt Besitzer von 24 Miniatur-Backgammon-Spielen, sieben Bastschachteln, aus denen kleine Papierschlangen springen, vier Jahrespackungen mit weißen Briefumschlägen, sechs angekohlten Süßkartoffeln, die sicher die Amöben-Ruhr transportieren, drei Packungen mit Gewürzmischungen, die man zwecks besserer Verdauung kauen und ausspucken soll und die dabei blutrote Flecken hinterlassen – sowie zwei unechten, vielmehr elektrischen Westhighland-Terriern, die mit dem Schwanz wedeln und *»I Wish You a Merry Christmas«* singen. Natürlich haben wir uns den Unsinn nicht andrehen lassen, wir sind ja nicht in Deutschland.

Da wir nun schon zwei Tage in Indien sind, machen Sie sich sicher Sorgen um unsere Gesundheit. Ich möchte Sie beruhigen: Die *Emirates Airlines* haben uns ohne eine Minute Verspätung von München nach Delhi transportiert. Der Service an Bord war hervorragend, und eisgekühlter Rotwein ist sicher eine Spezialität der Vereinigten Arabischen Emirate, auf die die nationale Fluglinie besonders stolz ist. Interessant war auch der Zwischenstopp in Dubai, sieht man davon ab, dass wir uns die Porsches im Duty-Free-Shop nicht leisten konnten.

Das *Grand Hyatt* in Delhi hat erst seit einigen Wochen geöffnet, liegt klimatechnisch günstig etwas außerhalb des City-Smogs von Delhi und ist voller Personal, das sich so benimmt, wie man selbst zu Hause: Es ist ständig damit beschäftigt, Liebe und Zuspruch zu verteilen. Betritt man die Lobby, fragen einen umgehend und nacheinander bis zu zehn Männer und Frauen, ob das Zimmer in Ordnung sei, ob man nicht in den Pool wolle, ob man eine Massage brauche, oder einen Kuchen vom österreichischen Konditor, oder die druckfrische ›Hindustan Times‹, oder eine Reservierung für den Abend im Tandoori-Restaurant.

Zu Delhi: Mir war bisher nicht unbekannt, wie viele arme Menschen es in dieser Stadt gibt. Ich werde Ihnen davon aber nicht erzählen, weil Sie sonst dumme Witze über unser teures Hotel machen.

Berichten möchte ich Ihnen – bevor wir morgen nach Old Delhi aufbrechen – von den sensationell schönen Frauenskulpturen aus dem 6. bis 11. Jahrhundert, die im Indischen Nationalmuseum ausgestellt sind. Dass die Inderinnen diese Schönheit plus einen eigentümlich wissenden Blick heute noch spazieren tragen, gehört mit Sicherheit zu den großen Vorteilen dieser *anderen Welt.*

Es grüßt Sie

Ihr G.

Köln, 10. November

Lieber G.

Schön, dass Sie gut angekommen sind. Hätte ich Ihnen nach der Jammerei in den ersten Briefen gar nicht zugetraut.

Zunächst zu den Affen. Da mache ich mir Vorwürfe, Sie vorher nicht gewarnt zu haben. Denn im Unterschied zu den niedlichen Spaßtierchen, wie wir sie aus dem Fernsehen kennen, sind die Profi-Affen, die sich vor den Touristenfallen als Fotomodelle anbieten, nichts als lästige, gefräßige und bösartige Sittenstrolche. Ich erinnere mich mit Schaudern an einen Vorfall vor gut einem Jahr in Birma, wo uns eine Affenhorde die Tempeltreppe runter jagte. Einer grinste besonders eklig und versuchte dauernd, meiner Frau in den Hintern zu kneifen. Das machen sonst nur Italiener im Bus.

Der Duty-Free-Shop von Dubai ist ein Ding, was? Da wundert mich, dass nur ein lächerlicher Porsche angeboten wurde. Eigentlich hatte ich erwartet, dass ein Airbus und ein französisches Renaissance-Schloss als Mitbringsel für die Rückreise nach Saudi-Arabien bereitstehen.

Keine Angst übrigens vor der blutroten Spucke in Delhi, der Sie sicher noch öfter begegnen werden. Das ist ein Endprodukt des Betelnuss-Kauens, völlig harmlos für Sie, und auch für den Kauer nur dann gefährlich, wenn in der Spucke ein paar Zähne liegen. Denn der Saft greift das Zahnfleisch an.

Ehrlich berührt hat mich Ihre Bemerkung über den »eigentümlich wissenden Blick« der Inderinnen. Das war auch immer wieder meine Erfahrung: Dieser kurze, tiefe, durchdringende Blick aus diesen wunderschönen dunklen Augen. Und ganz bestimmt haben Sie gespürt, was er uns sagen will: »Du arrogantes, geiles, westliches Arschloch.«

Im Übrigen können Sie mir ruhig alles erzählen, auch auf die Gefahr hin, dass ich dumme Witze darüber mache. Ich mache auch dumme Witze, wenn Sie nichts erzählen.

Ihr Herbert Feuerstein

PS: Schön, dass Sie an mich gedacht haben. Umgekehrt kann ich das leider nicht sagen.

Delhi, 11. November

Lieber Feuerstein,

vielen Dank für Ihre prompte Antwort. Gerade wenn man einen Tag im smoggetränkten Old Delhi verbracht hat, ist es schön zu wissen, dass in der anderen großen lebensfeindlichen Stadt dieser Welt – Köln – jemand ist, der ein offenes Ohr hat.

Dass unser Wellnessurlaub in Delhi beginnt, ist nur logisch. Wellness kann nur genießen, wer Wellness zu schätzen weiß, und nach einem Tag in Old Delhi weiß man Wellness zu schätzen. Insgesamt muss man sagen: Kinder, geht's uns gut daheim! Sie haben Recht, wir sollten weniger jammern.

Hier ist es in Sachen Wellness, wie erwartet, turbulent. Noch wehren wir uns prächtig, ich mit Hefetabletten, von denen ich 3x täglich 2 nehme, man weiß ja nie. Meine Frau hat eben noch eine »Aktren« eingeworfen, weil der Taxifahrer, der heute den ganzen Tag über ein ebenso rätselhafter wie zuverlässiger Begleiter durch Delhi war, notorisch die Klimaanlage bediente, anstatt sie auszuschalten. So stand sie entweder auf *Freeze* oder auf *Hot.* Jetzt hat meine Frau eine Art indische Grippe. Sie ist ziemlich krank (ich hab's ja geahnt), das zauberhafte Personal des *Grand Hyatt* kam umgehend und bot uns die besten Ärzte Delhis sowie Inhalationsgeräte an.

Noch eine Anmerkung zu unserem Taxifahrer und *den* Taxifahrern hier: Da Sie, lieber Feuerstein, rund zehn Jahre in New York gelebt haben, wollen Sie sicher wissen, wieso indische Taxifahrer in New York nicht Auto fahren können. Antwort: Weil sie in Delhi die Führerscheinprüfung nicht bestanden haben und auswandern mussten. Fakt ist, dass die Männer hier ihre Autos problemlos durch einen Schwarm entgegenkommender Rikschas, Schwertransporter und Kühe steuern, ohne dass die Kühe zu Schaden kommen. Ich glaube, die Taxifahrer in Delhi halten sich deshalb für Künstler und benehmen sich dementsprechend sonderbar. Unser Fahrer zum Beispiel sagte auf alles, was wir ihn fragten, etwas, das wir nicht verstanden. Zum Abschied hat er uns 100 Rupien extra berechnet, die auf Grund der steten Nutzung seiner Klimaanlage angefallen seien. Sicher werden indische Taxifahrer als deutsche Fernsehintendanten wiedergeboren.

Andererseits, lieber Feuerstein, kommt ein reisefeindlicher Mensch wie ich nicht umhin, die Inderinnen und Inder zu loben. Gerade die engen Gassen Old Delhis sind eine Attacke auf die Sinne, aber die Menschen hier, die Reichen wie die Bettelarmen, tragen mehr Spiritualität und Weisheit im kleinen Finger mit sich herum als bei uns Kirchenoberhäupter unter ihren Kutten. Irgendwie sind hier alle netter, verspielter, gelassener als vergleichbare Kölner. Von Münchnern ganz zu schweigen.

Das indische Verkehrsministerium rät sogar zur Meditation im Auto: Auf roten Ampeln über den Straßen in Delhi steht *Relax*. Wird die Ampel grün, fangen alle gleichzeitig an zu hupen und in den Gegenverkehr zu fahren. Dort hupen sie weiter, bewegen sich aber keinen Meter mehr. Wieder, lieber Feuerstein, musste ich da an Sie denken! Ich höre von Ihnen?

Ihr G.

Köln, 11. November

Lieber G.,

zunächst eine kleine Korrektur: Sie schreiben, ich hätte ein offenes Ohr. Ich habe kein offenes Ohr. Es stimmt zwar, dass ich mal ein offenes Ohr hatte, aber das ist schon lange her, und das Ohr ist inzwischen wieder verheilt. Trotzdem rührt es mich, dass Sie schon am zweiten Tag die wichtigste Frucht des Reisens genießen können: zu lernen. Die Erkenntnis angesichts von so viel Not und Elend, wie gut es uns in Deutschland geht, ist der erste Schritt. Wenn das so weitergeht, wird Ihnen vielleicht auch noch Ihr Job bei der SZ gefallen.*

Tut mir Leid für die Erkältung Ihrer Frau, die ja ohnehin schon genug mit Ihnen gestraft ist. Es wäre übrigens ganz einfach gewesen, die Klimaanlage im Taxi abzustellen, wenn Sie dem Fahrer dafür 100 Rupien gegeben hätten. Dann hätte er nicht bangen müssen, dass er hinterher seine 100 Rupien für die Klimaanlage nicht kriegt. Merke: Jeder indische Taxifahrer versucht nach einer größeren Tour, einen zusätzlichen Hunni abzuzocken – für saubere Scheiben, für das zusätzliche Gewicht deutscher Touristen oder das schöne Wetter. Merken Sie sich ferner: Längere Taxi-Touren sind wie Besuche im Puff. Wer anfangs zu viel runterfeilscht, wird später wieder hochgekobert. Zahlen Sie von vornherein das Doppelte und Sie haben den vierfachen Spaß.

Übrigens: Ihr Taxifahrer gefällt mir. Vor allem, dass Sie seine Antworten nie verstanden haben. Vielleicht hat er auch Ihre Fragen nie verstanden. Jedenfalls wissen Sie jetzt, wie es uns bei manchen Ihrer Artikel geht. Falls Ihr Deutschland-Bild schon zu verblassen beginnt, Sie sich aber gerne an zu Hause erinnern wollen: Stellen Sie sich was Farbloses vor, und niemand hupt.

Ihr Herbert Feuerstein

Rishikesh, 12. November

Lieber Feuerstein,

Vata, Pitta und Kapha könnten in Ungleichgewicht sein. Werde meine Bioenergien reinigen lassen. Ansonsten: Alles ist eins, alles ist gut.

Ihr G.

* Es ging nicht so weiter: G. hat die SZ inzwischen verlassen.

Köln, 12. November

Lieber G.,

ich vermute, dass es umgekehrt war: Vata, Pitta und Kapha haben SIE aus dem Gleichgewicht gebracht. Das kommt davon, wenn man sich gleich mit drei Frauen einlässt. Es ist wohl selbstverständlich, dass man sich danach reinigt. Übrigens, was sagt Ihre Frau dazu?

Ihr Herbert Feuerstein

Rishikesh, 13. November

Lieber Feuerstein,

verzeihen Sie meinen verwirrenden Ton im letzten Fax. Wir sind heftigsten Eindrücken ausgesetzt. Ich verstehe nur nicht, dass Sie nicht einmal die simpelsten Begriffe ayurvedischer Heilslehren kennen.

Zunächst: Sind gestern nach zirka fünfstündiger pittoresker Zugfahrt von Delhi Richtung Nordosten in Haridwar eingetroffen, von dort hat uns ein Fahrer des *Mandarin Ananda* in einer Stunde nach Rishikesh gebracht. Lassen Sie es mich heute erst einmal kurz machen, denn so oder so können Sie die Heiligkeit des Himalajas sowie des Masseurs, der mir gestern Abend zur Begrüßung eine *Ananda-Touch-Massage* verpasste, nicht nachvollziehen, wenn Sie nicht, wie ich, auf einer Terrasse tausend Meter über dem Ganges sitzen, Ingwer-Zitronen-Tee trinken und über die Farben der Pilger von Haridwar sinnieren. Sondern in Köln. Sie armes Schwein.

In fünf Minuten bekomme ich meine *Detox Papaya Body Polish*, während sich meine sich ebenfalls bedeutend besser fühlende Frau eine *Wild Rose Salt Glow* verpassen lässt. Danach wird uns ein ayurvedischer Arzt auf den Kopf stellen, um zu schauen, ob sich unsere Bioenergien – die Doshas: Vata (Luft), Pitta (Feuer) und Kapha (Wasser) – in einer Fehlbalance befinden oder nicht. Sollte dem so sein, haben wir Anspruch auf ein *Pancha Karma Treatment*, dieses umfasst: therapeutisches Erbrechen, Abführmittel, Einläufe sowie eine Nasen- und Blutreinigung. Ich bin aber absolut sicher, dass der Doktor bei mir diagnostizieren wird, dass meine Bioenergien sich die Waage halten. Es grüßt Sie gelassen

Ihr G.

Köln, 13. November

Lieber G.,

meine letzte Botschaft war natürlich nur ein Scherz. Ist doch klar, dass jemand wie ich über ayurvedische Medizin Bescheid weiß. Nur: Ich kann dieses Schicki-Zeug nicht ausstehen. Als urchristlicher Asket verachte ich den Körper, wobei ich freilich zugeben muss, dass es immer wieder Frauen gab, bei deren Körper ich Ausnahmen machte. Reine Körperlichkeit hat für mich immer etwas Sündiges, und da Kotzen und Durchfall ohnehin ein fester Bestandteil des Show-Gewerbes sind, brauche ich weder therapeutisches Erbrechen noch einen Einlauf. Meine Welt ist die der Sadhu, der heiligen Wahrheitssucher Indiens, die stundenlang in die Sonne starren, um so das Nichts zu sehen – was ihnen auch gelingt, weil sie davon blind werden. Aber bitte, lassen Sie sich von öligen Händen befummeln und mit *Papaya Body Polish* garnieren. Aber passen Sie auf, dass man Sie anschließend im Restaurant nicht für den Nachtisch hält.

Ihr Herbert Feuerstein

PS: Ich sitze hier 15 Meter über dem Marktplatz, trinke übrig gebliebenen, kalten Tee vom Frühstück, sinniere über die Farben der rheinischen Karnevalisten und gebe zu, dass Sie es im Augenblick eindeutig besser haben.

Köln, 16. November

Lieber G.,

leben Sie noch? Ich habe jetzt zwei Tage nichts von Ihnen gehört und bin beunruhigt. Nicht dass ich großen Wert auf Ihr Gejammer lege, aber irgendwie sind Sie ja doch ein netter Mensch, egal, was man so redet. Also, was ist los? Sind Ihre Doshas abgestürzt? Befinden Sie sich in einem esoterischen Rauschzustand? Hat die *Ananda-Touch-Massage* Ihre Ehe zerstört? Sind Sie zusammen mit dem Masseur bereits auf der Flucht nach Goa? Oder haben im Vernichtungskrieg, der stets in unseren Därmen tobt, jetzt doch die Ruhr-Amöben Oberhand über Ihre bayerische Bierhefe gewonnen?

In tiefer Sorge
Ihr Herbert Feuerstein

Rishikesh, 17. November

Lieber Feuerstein,

herrje, hoffentlich erreicht Sie wenigstens dieses Fax, ich sende das alte noch mal mit! Ach, Feuerstein, die Götter spielen verrückt, ist es nicht wunderbar? Hier der Text von vorgestern:

Als mir der Boy heute nach meinen Anwendungen – während ich am Pool am Fuße des Himalajas lag, mich von trübsinnigen Energien befreite (durch Ausatmen) und positive Energien aufbaute (durch Einatmen) – neben meinem Jasmintee auch noch Ihr Fax servierte, dachte ich: Schau an, dein rheinischer Berater Feuerstein!

In der Tat: Sie sind ich, wenn ich zu Hause bin, Sie sind mein daheimgebliebenes Ich. Voller Sehnsucht nach Einheit von Geist, Seele und Körper, aber durch das Tagesgeschäft (»rheinische Karnevalisten«) vollkommen ruiniert. Ich wage mir Sie nicht in den Zellstoffunterhosen vorzustellen, die man hier im *Mandarin Ananda* im Rahmen einer Einmalverwendung zu den Anwendungen anzuziehen pflegt. Es gibt aber eine gute Nachricht für Sie: In der Tat wird mir der ayurvedische Arzt im Rahmen meines Wellness-Programms das *Pancha Karma Treatment* verpassen. Es gibt also einen Einlauf und ein therapeutisches Erbrechen. Ich sehe dem, wie überhaupt allem, was das Leben noch so bereit hält, gelassen entgegen und danke Krishna für die Schadenfreude, die er Ihnen beschert.

Der Doktor sagte mir nach einer Untersuchung in mehr oder weniger deutlichen Worten, dass meine Bioenergien nicht nur in einer Fehlbalance, sondern insgesamt völlig im Eimer seien. Dies könne noch, müsse aber nicht dumm enden. Gut, dass sich mal einer darum kümmert. Und gut, dass sein schönes Sprechzimmer nicht von misanthropischen Münchnern vollgehustet wird, sondern von Menschen wie mir, die das Leben etwas leichter zu nehmen wissen, denn: Es ist ja nicht unser einziges Leben. Einer Wiedergeburt steht unter Umständen nichts im Wege.

Lassen Sie mich kurz die heutigen Anwendungen beschreiben, welche die Tür zum Glück schon einen Spalt öffneten: Die *Papaya Body Polish* war noch die vergleichsweise unspektakulärste. Der Masseur sagte, er reibe meinen Körper nun mit einem frisch angerührten Mus aus Papaya und Körnern ein, dabei stürben alte und böse Hautzellen ab, nachher fühle sich die Haut zwar noch nicht wie neu an, sie sei aber schon mal auf dem richtigen Weg. Ist der Körper dann auf der Marmorbank über und über mit Papayamus beschmiert, zwickt alles, weil die bösen Hautzellen sich verdrücken sollen, dabei aber nicht kampflos aufgeben. Das Zwicken, sagte mein Masseur, sei dementsprechend: normal. In der Tat sieht man jetzt aus wie ein Nachtisch, aber

Fischerglück vor den Shetland-Inseln: Während Robert Irvine den Inhalt seiner Reusen prüft, überlege ich, was ich mit dem Inhalt meines Magens anfangen soll. Um die Qualen der Seekrankheit zu verkürzen, bitte ich, den Galgen (rechts) so zu drehen, dass ich mich erhängen kann...

...aber vorher haue ich Wolpers noch diesen Fisch in die Fresse.

Hier sehen Sie einen Mann, der zu allem bereit ist. Außer zu einer Wildwasser-Floßfahrt auf dem River Tay.

Stephan hat bereits die Unterwasser-Kamera fertig gemacht und sucht eine Stelle, von der aus sich gut filmen lässt, wie Feuerstein ertrinkt.

Verstehen Sie jetzt, was ich meine?

Das ist das Faxgerät, mit dessen Hilfe ich Alexander Gorkow auf seiner Indien-Reise beraten habe, und daneben die ›Süddeutsche Zeitung‹, die den Briefwechsel abgedruckt hat. Von Indien habe ich kein Bild, denn ich war ja nicht dabei. Und von Gorkow auch nicht, aber das ist gut so, denn so schön ist er auch wieder nicht.

als Nachtisch trägt man keine Zellstoffunterhose, außerdem darf man anschließend duschen.

Von großer Göttlichkeit waren die zwei anschließenden Behandlungen: In der 45minütigen *Abhyanga* massieren zwei Männer je eine Körperhälfte mit einem Öl, welches aus Ingwer sowie 40 Kräutern zusammengerührt wurde, in völliger Synchronität. Das Gefühl ist so erhebend, als ob einen zwei kräftige, in Öl getauchte Elefantenzungen synchron ganzkörperbelecken. Ich bat die beiden, nie mehr damit aufzuhören. Jene hingegen baten mich, mit dem Quasseln aufzuhören und statt dessen in mich hineinzuhorchen. Denn nun beginne *Thakradahara*, welches geeignet sei, Schlaflosigkeit, Depression und andere europäische Symptome zu heilen. Dabei wird dem liegenden Klienten rund eine halbe Stunde lang aus einem kleinen Loch in einem großen goldenen Kessel warme Buttermilch über die Stirn gegossen. Was nach profaner Folter klingt, kann so schlimm nicht sein, denn in der Tat bin ich nach wenigen Minuten eingeschlafen. Ach, liebster Feuerstein, geschlafen? Es war vom paradiesischsten Weggetretensein. Das letzte Mal habe ich so gut im Mutterleib geruht! Es grüßt ohne jedes Wehwehchen

Ihr G.

Köln, 17. November

Lieber G.,

aha. Hätte ich bloß nicht nachgefragt. In noch tieferer Sorge,

Ihr Herbert Feuerstein

Rishikesh, 18. November

Lieber Feuerstein,

wie schön, dass wir uns wieder gefunden haben!

Der ayurvedische Arzt wirkt so vertrauenswürdig wie zeitweise rätselhaft. Meine Frau und ich haben gestern am

Pool ein nettes Hoteliersehepaar aus St. Moritz kennen gelernt. Er nun erzählte mir betrübt, dass er nicht in den Urlaub gefahren sei, um sich Einläufe verpassen zu lassen und sich »therapeutisch zu erbrechen«. Der Arzt beharre aber darauf, er könne ihm zwar das *Pancha Karma Treatment* nicht aufzwingen, aber er sei für eine solche Behandlung sozusagen der ideale Kandidat. Seine Frau hingegen, sagte der Schweizer, sei auf »therapeutisches Erbrechen« und den Einlauf ganz scharf gewesen, habe ihn aber nicht verschrieben bekommen.

Ich erzählte dem Schweizer daraufhin, dass das bei meiner Frau und mir derselbe Fall sei. Das sei ja ein Ding, sagte der Schweizer. Nun stehen unsere Frauen rauchend vor der Yoga-Wiese und lachen, während der Schweizer und ich so gelassen wie nötig die Sache in Angriff nehmen werden.

Noch ein Rätsel, lieber Feuerstein: Wir waren heute Abend in Rishikesh, dem Ort der heiligen Männer unten am Ganges. Über dem Ort, in dem John, Paul, George und Ringo in den 60ern von Maharishi Mahesh Yogi erleuchtet wurden, liegt in der Tat ein durch zahllose Anbetungen hinduistischer Heiliger erfüllter Zauber. Eine spirituelle Erfahrung. Auf dem Rückweg zum Auto hat mich jedoch eine der vielen heiligen Kühe, die dort rumstehen und den Gemüsehändlern eine Monatsmiete vom Karren mampfen, unfein von der Seite attackiert, und zwar ohne ersichtlichen Grund. Wollten Sie ein Zeichen senden?

Ihr G.

Köln, 18. November

Lieber G.,

Sie überschätzen meine Macht! Die Kuh, die Sie rammte, war kein Zeichen von mir, und schon gar nicht ein Zeichen von Lord Buddha. Sondern einfach eine Kuh, der Sie im

Weg standen. Müssten Sie eigentlich von den Frauen gewohnt sein.

Danke für die ausführliche Schilderung Ihrer Befindlichkeit. Interessant ist vor allem, dass Sie das »therapeutische Erbrechen« eindeutig als Höhepunkt Ihrer Reise empfinden. Deshalb also fahren Sie nach Indien? Reicht Ihnen dafür nicht zu Hause die ›Bild‹-Zeitung?

Aber lassen Sie mich ernsthaft auf die beiden letzten Briefe antworten, denn ich glaube, dass Sie sich auf einem Irrweg befinden. Wellness in einem Luxushotel sollte man nicht mit der Wahrheitssuche verwechseln. Das Problem beginnt allein schon damit, dass man dafür zahlen muss. Kirchensteuer jeder Art aber macht aus der Heilslehre einen Tarifvertrag: Selig sind dann immer nur die Reichen im Konto. Auch der Weg scheint mir zu kurz. Wenn Buddha erst nach jahrzehntelanger Wanderschaft die Erleuchtung fand, dürfen Sie nicht schon in vier Tagen die Erfüllung abzocken wollen. Es würde helfen, wenn Sie den Rückweg nach Deutschland zu Fuß antreten.

Bemerkenswert finde ich, dass der ayurvedische Arzt Ihr Problem sofort erkannt hat: Die Angst des Machos vor dem Einlauf. Ein organisierter Erbrecher weiß eben, was er zu tun hat. Dazu passt auch ihre Metapher von den »in Öl getauchten Elefantenzungen«. Wieso geben Sie nicht einfach zu, dass es geil ist, mal von vier kräftigen Männerhänden massiert zu werden? Lassen Sie die armen Elefanten aus dem Spiel. Elefantenzungen sind nicht lang genug für diesen Job, von den Stoßzähnen ganz abgesehen.

Noch eine Bitte zum Abschluss: Fühlen Sie sich nie wieder als ich! Das ist mir unangenehmer als Ihnen der Einlauf.

Ihr Herbert Feuerstein

Rishikesh, 19. November

Lieber Feuerstein,

vielen Dank für Ihren Brief, die Sache mit der Kuh hatte mir in der Tat keine Ruhe mehr gelassen. Sie haben sicher Recht, erleuchtet wird man nicht in wenigen Tagen, aber ich vermute, im Gegensatz zu Ihnen habe ich mit dieser Reise den richtigen Weg eingeschlagen.

Meine Frau und ich haben soeben drei weitere Anwendungen über uns ergehen lassen und sind noch etwas benommen. Was mich betrifft, ergab sich dabei folgender »Wasser-Öl-Dreiklang«: Im *Seaweed Hydrotherapy Bath* wird man in eine Art Badewanne voller pulverisierter Algen und heißen Wassers von diversen Düsen abgetastet und dann in die Mangel genommen, wie sonst nur Kraftfahrzeuge in Autowaschanlagen. Die *Hydro-Jet-Body*-Blitzbehandlung müssen Sie sich hingegen vorstellen wie eine humane Hinrichtung. Man steht am Ende eines ca. zehn Meter langen gekachelten Ganges. Am anderen Ende steht ein lächelnder Therapeut (alle lächeln hier, immer) mit einem Feuerwehrschlauch. Nun muss man sich an zwei Haltegriffen festhalten, denn der Strahl ist nicht nur heiß, sondern auch geeignet, Männer von zum Beispiel Ihrem Körperbau in Sekunden zu pulverisieren. Mir hingegen hat's einfach gut getan, zumal endlich die letzten Reste der morgendlichen Einreibung mit der Seesalz-Rosenöl-Mischung entfernt wurden.

Wie Sie sich denken können, bin ich am Abend vor Erschöpfung in dem eigentlich exquisiten Restaurant des *Ananda* fast über meinem Chicken Tikka eingeschlafen. Doch dann überreichte mir der lächelnde Kellner zum Dessert Ihr von heitersten mitteleuropäischen Aggressionen leuchtendes Fax. Auch eine Form der Erleuchtung.

Den Vormittag nutzten wir übrigens zu einer atemberaubend schönen Wanderung bis auf 2000 Meter Höhe zum Kujapuri-Tempel, einem der heiligsten Orte Indiens. Auf dem Weg sind wir nicht nur zitronengelben Hummeln und vögelnden Affen begegnet, sondern auch kunterbunten Schulklassen, welche zwischen den Rapsfeldern ihre Lieder von den Tafeln lasen. Prompt ließ eine der Lehrerinnen vom Vermöbeln eines Kleinkindes mit dem Rohrstock ab und grüßte höflich.

Nach mehreren Stunden waren wir am Tempel angekommen, einem Ort heiliger Stille und ergreifender Fernsicht über die Himalaja-Kette. Dort begegnete uns ein weiteres Mysterium, nämlich ein lächelnder Hund, der mir nach eindringlicher Betrachtung umso weniger rätselhaft erschien, desto mehr, lieber Feuerstein, er mich an Sie erinnerte. Es war um seine Augen eine geheimnisvolle Traurigkeit, die Partie um die Lefzen hingegen von fast schon penetrant lächelnder Zuversicht. Übrigens geht hier die Sage, dass die Hunde nicht aus den Tempeln vertrieben werden dürfen, weil sie wiedergeborene Mönche seien, welche in ihrem ersten Leben zu wenig meditiert hätten. Macht Sie das nachdenklich? Ich denke schon.

Noch eine eher unerhebliche Frage: Wie ist das Vorweihnachtswetter bei Ihnen? Hier sind es immer so um die 25°C, so dass es wichtig ist, auch mal die Sonne Sonne sein zu lassen und sich im schönen Massagebad zwei starken Händen zu nähern.

Es grüßt Sie heiter und schon drei Kilo leichter

Ihr Gorkow

Köln, 19. November

Lieber G.,

die Frage nach dem Wetter zu Hause ist der verzweifelte Versuch des Urlaubers, sich zu trösten: Mir geht es zwar beschissen, aber wenigstens ist es hier warm. Nun denn, das Wetter in Deutschland ist erträglich. Auch wir haben hier 25 Grad, wenn auch nur in meinem Badezimmer. Draußen ist es kälter.

Aber Sie haben Recht: Was bei mir als liebevoller, mit leiser Ironie gewürzter Ratschlag abgeht, kommt nach digitaler Zerhackung und elektronischer Reise durch das Weltall bei Ihnen in Indien als aggressive Beschimpfung an, und so ist es wirklich nicht gemeint. Ich beneide Sie um die Reise in das Wunderland, wo auch der abgebrühteste Weltenbummler auf jedem Schritt Neuland betritt, auch innerlich. Nur zu gern möchte ich am Rand des Himalaja vom Nirwana träumen, statt vor einer roten Ampel in Köln zu grübeln, warum man sich von so einem lächerlichen Licht die Freiheit der Bewegung rauben lässt. Und so viel lieber möchte ich von einer heiligen Kuh gerammt als von den Sicherheitsfilzern am Münchner Flughafen angemufft werden. Wollen wir also zum Ende Ihrer Reise versuchen, netter miteinander umzugehen? Sie unterlassen es hinfort, darauf rumzuhacken, dass ich kleiner und zierlicher bin als Sie, nur weil Sie nicht verkraften können, dass die Frauen mehr auf mich stehen. Und ich bemühe mich im Gegenzug, Sie ernst zu nehmen.

Ich beneide Sie auch um die Wellness-Erfahrung, freilich mit einer Einschränkung: Ich finde es toll, den Körper gründlich zu verwöhnen, aber man sollte – wenn es nicht um eine gezielte Kur für ein bestimmtes Leiden geht – den therapeutischen Nutzen nicht überbetonen. Sonst kommt man verkrampfter raus als man reingeht. Eine übertriebene Erwartungshaltung ist der Feind der Entspannung, das wissen wir alle vom Sex.

Unsere Leitkultur hat uns von Kindheit an eingetrichtert, dass alles, was gesund ist, entweder scheußlich schmecken muss oder mit Quälerei verbunden ist, von Spinat bis Sport. Wellness soll eigentlich das Gegenteil sein: Das Wohlbefinden schlechthin, unerreichbar freilich für den Hypochonder, der ja das Gegenteil braucht. Sind Sie ein solcher?

Was Sie über den »Wasser-Öl-Dreiklang« berichten, klingt trotz ironischer Überhöhung nicht übel. Zugegeben, Dreiklänge können töten, das wissen wir vom Musikantenstadl, aber der Ihre hat mir durchaus gefallen. Und deshalb finde ich, Sie müssen da durch. Bis zum Ende. Der ayurvedische Arzt hat absolut Recht, wenn er Sie im Zustand der Disharmonie wähnt: Sie brauchen die Befreiung. Deshalb fordere ich Sie ganz eindringlich auf – und ich bin sicher, ich spreche auch im Namen aller Kollegen und Leser: Erbrechen Sie! Und: Lassen Sie sich endlich den Einlauf reinschieben! Erwartungsvoll

Ihr Herbert Feuerstein

Rishikesh, 20. November

Lieber Feuerstein,

Indien! Indien!

Flimmernd flirrt die Abendsonne hinterm Scherenschnitt der Himalajakette, unten am Ganges sammeln sich die Meditierenden in den Ashrams und verneigen sich vor Shiva, der als Statue im Fluss steht und weise lächelt. Bitte, lieber Feuerstein, jetzt, wo wir ein wenig die Tonlage gewechselt haben: Erklären Sie mir, wieso hier auch die Ärmsten der Armen lächeln statt zu lamentieren?

Im Rahmen meiner Behandlungen stand heute eine *Couple Massage* an, die ich also gemeinsam mit meiner Frau genoss und deren wesentlicher Reiz darin lag, dass meine Frau von einer Frau und ihr Mann, also ich, von einem Mann massiert wurde, und zwar im selben Raum zur selben Zeit. So konnte man diverse Beziehungsprobleme der letzten Monate während der Massage noch mal ansprechen, wenn auch natürlich nicht ausdiskutieren. Danach gab es für mich eine Anwendung, die ich in Anspruch genommen habe, obwohl ich sie bisher nur Männern zugetraut habe, die eine Frau sein wollen: die neunzigminütige *Ananda Royal Facial Massage*. Zu diesem Zweck wurden so oft verschiedene Kräuteröle, Pasten und Pülverchen über meinem Gesicht verrieben, bis ich in einer Meditation versank, aus der ich schließlich durch leise Sitarklänge, den Geruch von Zitrusöl und eine Fußreflexzonenmassage wieder erwachte. Meine Nebenhöhlen sind nun erstmals seit Jahren komplett frei, zu Hause werde ich die Menschen in der U-Bahn riechen können!

Der ayurvedische Arzt bestand heute in der Tat auf dem Einlauf, welcher jetzt, kurz vor unserer Abreise ohne Wenn und Aber bevorsteht. Da ich damit auch Ihnen eine Freude mache, werde ich das wohl angehen, mich aber nicht mehr gesondert erbrechen, man muss ja nicht alles auf die Spitze treiben.

Ach, lieber Feuerstein, schon bald werden wir im Nachtzug nach Delhi sitzen und dann im Flieger nach München. Möge Krishna für immer bei uns bleiben, auch bei der Zwischenlandung in Dubai und erst recht, wenn wir am Ende in München am Flughafen unsere Koffer öffnen müssen.

Indien! Indien!

Ihr G.

PS: Soll ich Ihnen was mitbringen?

Köln, 20. November

Lieber G.,

die große Prüfung jeder Ehe kommt, wenn man mit dem Partner in fremder Umgebung auf engstem Raum mehr als zehn Minuten allein ist. Schön, dass Ihr sie bestanden habt.

Das schaffen nur wenige. Allein deshalb hat sich die Reise gelohnt.

Tja, das Lächeln der Armen. Ich habe auch immer wieder darüber gestaunt, in Südamerika, in Asien, vor allem in Afrika. Warum lächeln sie? Damit wir Erstländer keine Schuldgefühle haben müssen, weil sie uns damit zeigen: »Armut macht glücklich?« Nein, aus Zufriedenheit lächeln sie nicht. Denn wenn man mit einem Lächelnden länger redet, wird es irgendwann lächelnd aus ihm herausplatzen, wie beschissen sein Leben ist. Ich glaube, dieses Lächeln ist zum einen Teil die Geste der Höflichkeit im Umgang miteinander, genau so, wie wir dem Gast eine Tasse Kaffee anbieten, in der Hoffnung, dass er sie ablehnt und uns keine Umstände macht. Und zum anderen, größeren Teil ist es das freundliche, aber fest verschlossene Tor zu dem, was innen vorgeht. Oft wird das Lächeln von uns Touristen missverstanden, wie nett die armen Menschen seien. Das stimmt nicht immer. Sie lächeln auch mit vorgehaltener Schusswaffe.

Noch etwas, was Sie bestimmt selber längst bemerkt haben – ich sage es trotzdem: Indien verwirrt. Diese ständige Auseinandersetzung mit dem Transzendenten, das Mystische so geballt, dass man es fast mit den Händen greifen kann, dazu die Landschaft, die innere Versenkung und nicht zuletzt die von Ihnen erfahrenen Geheimnisse einer alten Heilkunst versetzen uns in Zustände, die uns die Vernunft rauben. »Wahnsinn« nennen Sie dieses seltsame Glücksgefühl, denn eigentlich ist es völlig unbegründet: Da ist ja noch das andere Gesicht Indiens, die fürchterlichen sozialen Missstände, die Ungerechtigkeit, die Unterdrückung. Vergessen wir nicht: Genau wie Deutschland ist auch Indien ein Kastenstaat. Aber während es bei uns nur zwei Kasten gibt, nämlich Deutsche und Asylanten, gibt es in Indien sehr viel mehr mit wesentlich komplizierteren, abgestuften Ungerechtigkeiten. Entsprechend mehr Gründe muss es geben, auf verschiedene Arten verzweifelt zu lächeln.

Schade, dass Sie dem ayurvedischen Arzt das therapeutische Erbrechen ausgeredet haben. Das werden Sie bestimmt bereuen. Wahrscheinlich packt es Sie dann nach der Rückkehr umso heftiger, und Sie haben dann das Bedürfnis, sich auszukotzen. Aber bitte nicht bei mir!

Ihr Herbert Feuerstein

PS: Bringen Sie mir ein Stück Erleuchtung mit. Aber was soll's, spätestens am Gepäckband des Münchner Flughafens ist die weg. Bleibt ja zum Glück noch der Einlauf. Und? Wie war er?

München, 22. November

Lieber Feuerstein,

der Einlauf? Ist vollbracht. Brauche ich das täglich? Oh, nein, und abermals: nein. Seitlings liegend die Verrichtungen eines lieben kleinen Inders an einer Stelle zu erspüren, an der ich lieber nichts erspüren möchte, ist ein fragwürdiges Erlebnis. Auch bollerte der Bauch hernach scheinschwangerartig. Aber: Vata, Pitta, Kapha? Im Lot! Und jetzt sind wir wieder daheim. Kein Bauch bollert. Das Land, farblos. Niemand hupt. Aber den unendlichen Götterhimmel haben wir mitgenommen. Danke für Ihre Hilfe, lieber Feuerstein. Frieden, Frieden, Frieden. Shanti, Shanti, Shanti.

Ihr G.

Köln, 22. November

Lieber G.,

ist ja gut. Ein Shanti hätte gereicht. Willkommen in der Leitkultur.

Ihr Herbert Feuerstein

SIEBEN
WEITERE REISETIPPS

1.

Zur gelungenen Reise gehört auch gutes Benehmen – und dieses beginnt bereits im Flugzeug. Wenn sich zum Beispiel das Bordpersonal im Mittelgang in obszönen Verrenkungen windet, so handelt es sich um Vorführungen zu Ihrer Sicherheit, nicht um den Beginn einer Tabledance-Nummer; es ist daher ebenso sinnlos wie ungehobelt, »Ausziehen« zu schreien. Nach der Landung wird im Charterflugzeug gewöhnlich Beifall geklatscht; das ist zwar altmodisch, aber erlaubt. Wer hingegen »Zugabe« brüllt, macht sich lächerlich ... oder soll der Pilot etwa den ganzen Flug wiederholen, hm? Und das wichtigste: Gekotztes räumt man grundsätzlich selber ab. Die volle Tüte auf den Nachbartisch zu stellen, ist nicht nur unfein, sondern könnte auch den Nachbarn zum Kotzen verleiten ... und zwar direkt in Ihren Schoß.

2.

Sonne, Meer und Sand – was kann es Schöneres geben? Ich sage Ihnen, was es Schöneres gibt: eine Sandburg. Zwar weiß jeder Deutsche, wie man sie baut – das liegt in unserem Erbgut –, aber wie frustrierend ist es, wenn man sie am nächsten Morgen zerstört wiederfindet, zertreten von fremdländischen Burgenhassern. Die Lösung: Eine Fuhre Sand auf den Hotelbalkon gekarrt – und schon können Sie ungestört die schönsten Burgen errichten. Sie brauchen nicht mal dem Zimmermädchen Bescheid zu sagen – den Sand im Bett und im Badezimmer hat es ja bisher auch noch nie bemerkt.

3.

Zum ersten Mal unterwegs nach Sylt? Und Bammel vor dem Nacktstrand? Wer könnte das besser verstehen als ich. Nähern Sie sich durch behutsame Anpassung. Wenn Sie besonders schamhaft sind und auch zu Hause nur voll bekleidet in die Badewanne steigen, versuchen Sie es zunächst mal ohne Mantel und, wenn das klappt, ohne Schuhe, und Sie werden sehen: Schon in wenigen Monaten sitzen Sie plötzlich nackt in der Wanne. Als nächstes gehen Sie dann unbekleidet in den Waschsalon – ist ja wirklich nichts dabei, denn die Leute werden denken, Sie seien arm und hätten nur eine Garnitur Unterwäsche. Jetzt ist es nur noch ein kleiner Schritt, bis Sie zum ersten Mal nackt durch den Bahnhof bummeln – im Winter schützt Sie rasch eine undurchsichtige Eisschicht und im Sommer fällt das unter den anderen Verrückten dort sowieso nicht weiter auf . . . und damit sind Sie so weit: Schönen Urlaub auf Sylt!

4.

Für den Fall, dass Sie mit dem eigenen Auto eine Fahrt durch England machen wollen, denken Sie unbedingt daran: Man fährt dort grundsätzlich auf der falschen Seite . . . außer natürlich, Sie sind Geisterfahrer – dann fahren Sie zum ersten Mal in Ihrem Leben auf der richtigen!

5.
Es ist nicht nur eine Unsitte, es ist schlechthin kriminell, Gegenstände aus dem Hotel als Souvenir mit nach Hause zu nehmen, wie zum Beispiel Handtücher, Fernseher oder das Zimmermädchen. Als Grundregel gilt: Man nimmt nur mit, was man bezahlt hat – und selbst hier ist Zurückhaltung geboten. Denn es ist verdammt schlechter Stil, am Abreisetag die Reste vom Frühstücksbuffet in die Koffer zu stopfen. Lassen Sie wenigstens das Rührei zurück ... das gibt ohnehin nur eine Sauerei im Gepäck!

6.
Wieviel Trinkgeld gibt man dem Taxifahrer? Eine schwierige Frage, denn in jedem Land ist das anders. Doch gibt es ein paar Faustregeln, die überall gelten: Versucht der Fahrer, Sie beim Aussteigen zu überfahren oder fährt er weg, ohne Ihr Gepäck auszuladen, dann war das Trinkgeld zu wenig. Beschimpft er Sie nur oder bewirft er Sie mit Wechselgeld, dann war das Trinkgeld angemessen. Gibt er Ihnen jedoch Wagenpapiere und Schlüssel, dann war das Trinkgeld eindeutig zu hoch – und Sie haben soeben ein Taxi gekauft.

7.
Ganz klar: Nach einem verpatzten Urlaub will man vom Reisebüro seine Kohle zurück. Aber bitte fair bleiben und nicht übertreiben! Wenn Sie statt im Strandhotel in der Bahnhofsmission übernachten mussten, ist das ein berechtigter Beschwerdegrund. Wenn Sie jedoch vor Gericht ziehen, weil der Eisverkäufer kein Deutsch sprach oder das Meer voller Fische war, ziehen Sie unweigerlich den Kürzeren. Und noch etwas: Kakerlaken von zu Hause mitzubrin-

gen, um sie dann dem Reiseleiter vorwurfsvoll als »frisch im Hotelbett gefangen« unter die Nase zu halten, ist nicht nur schlechter Stil, sondern auch üble Tierquälerei!

OSTAFRIKA

Der Versucher

»Ich hatte eine Farm in Afrika am Fuße der Ngong-Berge«, beginnt *Out of Africa* von Tanja Blixen: Eine anrührende Lebensgeschichte aus übergroßer Erwartung, romantischen Träumen, Niederlage und Frust, deren deutscher Titel *Afrika, dunkel lockende Welt* ebenso dümmlich wie abschreckend klang, aber inzwischen durch den zwar nicht ganz korrekten, aber doch viel erträglicheren Titel ihrer Verfilmung ersetzt wurde: *Jenseits von Afrika.*

»Ich hatte ein Haus in Afrika am Rand des Indischen Ozeans«, könnte auch diese Geschichte beginnen, und ich habe dieses Haus immer noch, obwohl ich es schon lange loswerden möchte: Meine höchst eigene Geschichte aus übergroßer Erwartung, romantischen Träumen, Niederlage und so viel Frust, dass man daran scheitern könnte, wenn man nicht, wie ich, Scheitern als das natürliche Ergebnis jedes Unterfangens erwartet. Eine Geschichte, die zu jenem Teil der Biografie gehört, den man verschweigt und verdrängt, weil die Erinnerung daran zu schmerzlich oder peinlich ist. Ich will sie deshalb nur kurz streifen, zu unserer beider Schonung, lieber Leser, denn legte ich sie Ihnen in aller Breite vor, wüssten Sie mehr über mich als mir lieb ist, und die Angst davor würde mich verleiten, zu lügen, zu verschleiern und zu beschönigen. So aber, kurz und gerafft, ist es – einigermaßen – die Wahrheit, was ich Ihnen über meine ganz besondere Beziehung zu Kenia erzähle.

Sie begann vor zwanzig Jahren mit einer Patenschaft für Anna Nduku, die damals vier Jahre alt war. Mehrere internationale Organisationen bieten so etwas an und verbessern damit das Leben von zwei recht ungleichen Parteien: Der

Spender in der Wohlstandsgesellschaft erhält für einen kleinen Betrag im Monat das Dauergefühl, ein guter Mensch zu sein, und weil dieser kleine Betrag in den ärmsten Ecken der Welt in einer Umgebung von Elend und Hunger zu einer brauchbaren Summe wächst, garantiert er dem Empfänger das tägliche Essen, die Kleidung und die Schule. So weit also eine feine Sache – solange man sie den kompetenten Leuten vor Ort überlässt und sich nicht einmischt.

Ich habe mich aber eingemischt.

Anna Nduku kommt vom Küstenstreifen Kenias, aus der Ortschaft Giriama, die genauso heißt wie der größte Stamm der Mijikenda, der *Seven happy tribes*. Der Ausdruck stammt noch aus der englischen Kolonialzeit, weil die meist kleinen und zierlichen Giriamas angeblich ein so fröhliches, unbekümmertes Völkchen waren, lang nicht so aufmüpfig wie die Kikuyus oder so wild und störrisch wie die Massai, und deshalb die idealen Hausboys und Gärtner. Vor den Europäern hatten das auch schon die Swaheli erkannt, die arabische Elite, die hier, an der Küste, bis heute den Besitzadel bildet und auf die in ihren Augen recht primitiven Giriamas mit stolzer Arroganz herunterblickt. Das Leben der Giriama war und ist demnach meist alles andere als *happy*, schon gar nicht das Leben der kleinen Anna. Sie war das dritte Kind einer Gelegenheitsarbeiterin, deren linke Hand verkrüppelt war, und da bei den Armen der Dritten Welt die einzige Altersversorgung darin besteht, viele Kinder zu haben, die sich später um sie kümmern müssen, gab es hinter Anna bereits ein neues Brüderlein, und zwei weitere Geschwister sollten noch folgen. Alle natürlich von verschiedenen Vätern, die sich – ebenso natürlich unter diesen Umständen – allesamt längst aus dem Staub gemacht hatten.

Die liebevoll handgeschriebenen Briefe, mit denen mich

die örtlichen Mitarbeiter der Hilfsorganisation alle paar Monate über Annas Werdegang informierten, machten mich neugierig, und als nach zwei Jahren ihr erster handgeschriebener Krakel-Gruß mit Blümchen und Herzchen kam, beschloss ich, selber vor Ort nachzusehen.

Ich saß im Veranda-Café des schaurig-schönen »Manor«-Hotels von Mombasa (heute abgerissen), einen Riesenkrug mit *Passion-Fruit*-Saft auf dem Tisch, als die Dreiergruppe eintraf, mein Empfangskomitee für die »dunkel lockende Welt«, die für mich in diesem Augenblick trotz aller Kitschseligkeit Wirklichkeit wurde und mich für lange Zeit nicht mehr loslassen sollte: Mr Tsuma, der Projektleiter, feierlich-würdevoll in einem viel zu großen schwarzen Anzug, der um seinen dürren Körper schlotterte, die immer fröhliche Schwester Elizabeth in blauer Bluse mit Blümchenrock und in der Mitte Anna im weißen Kommunionkleid, sieben Jahre alt und so schrecklich verlegen, dass sie mich immer nur anzuschauen wagte, wenn ich wegsah. Umgekehrt übrigens auch.

Das Gespräch kam nur mühsam in Gang. Denn aus Höflichkeit und Respekt beschränkten sich die beiden Begleiter auf die arabisch geprägten Regeln der ersten Begegnung, die nur den Austausch von Phrasen über Wohlergehen, Reiseverlauf und Befinden sämtlicher Familienmitglieder zulassen, verbunden mit Gottes Segen für Vater und Mutter. Das kann sehr umständlich werden und ist mit Sicherheit einer der Hauptgründe für die erschreckende Unfallbilanz dieser Länder: Denn es ist nun mal unerlässlich, beim Zusammentreffen mit einem Fremden erst alle diese Sprüche abzuspulen, bevor man ihm zurufen darf: »Vorsicht, hier kommt ein Auto!«

Das nachfolgende Essen machte die Sache nicht leichter.

Denn die arme Anna, ungeübt im Umgang mit Esswerkzeug, bemühte sich verzweifelt, Reiskörner mit der Gabel aufzupicken, und stieß beim Versuch, entflohene Brocken wieder einzusammeln, mehrfach ihr Glas um. Heute würde ich mich in einem solchen Fall an die Landessitte halten und selber mit den Fingern weiteressen, um die Verlegenheit gar nicht erst aufkommen zu lassen, aber damals war ich noch zu unerfahren im Umgang mit fremden Tischsitten. Ich spielte daher die englische Königin, die so erhaben ist, dass sie gar nicht bemerken darf, wenn bei Tisch jemand furzt: Ich tat, als fiele mir Annas Kleckerei, die sich weit über ihren Tellerrand ausgebreitet hatte, überhaupt nicht auf; als wären fliegender Reis, Soßenspritzer auf Haar und Kleidung und ein Cola-See auf dem Tischtuch ein fester, selbstverständlicher Bestandteil meiner eigenen Esskultur. (Und wenn ich ehrlich bin: Wenn ich allein über einen selbst gekochten Eintopf herfalle, ist das von der Wahrheit gar nicht so weit entfernt.)

Anna sagte kein Wort. Wenn auch Englisch neben Kisuaheli die zweite Amtssprache des Landes ist und schon vom ersten Schuljahr an unterrichtet wird, verhinderten Scheu und Verkrampfung, dass sie auch nur eine einzige Silbe hervorbrachte. Mit einem Trick kam aber dann doch eine Konversation zustande, denn wozu gibt es das Taschenwörterbuch »Kisuaheli für Reisende«, mit »1500 Phrasen für jeden Anlass«. Wenn das kein Anlass war!

Ich schlug eine beliebige Seite auf und las vor: *Unapenda sigara?* (Möchten Sie eine Zigarette?) Dann blätterte ich um und gab ihr das Buch. Anna verstand sofort und las ihrerseits, was in der ersten Zeile stand: *Wapi kituo cha petroli kilicho karibu?* (Wo gibt es hier eine Tankstelle?) Dafür, dass sie gerade erst in die zweite Klasse gekommen war, las sie erstaunlich gut. Danach war ich wieder dran: *Unaweza kutengeneza meno haya ya kubandika?* (Können Sie mein kaputtes Kunstgebiss reparieren?) Da mussten wir beide zum ersten Mal lachen.

Damals, vor zwanzig Jahren, war Kenia ein anderes Land, jedenfalls in meinen Augen, dem Tunnelblick des Touristen, der das Bedürfnis hat, genau das zu sehen, für was er gekommen ist, um sich wohl zu fühlen: freundliche, sanftmütige Menschen, tolle Tiere und gepflegte Hotels. Und so war es auch: ein veritables Safariland voller Kellner, Köche und Wildhüter, samt Meer und Sonnengarantie. Das Land war ja noch jung, unabhängig erst seit 1963 nach einem langen Befreiungskrieg der *Mau-Mau*-Guerillas gegen die englischen Kolonialisten. Es war ein erbitterter Kampf gewesen, grausam auf beiden Seiten, mit einem überraschend versöhnlichen Ende: Die einstigen weißen Herren durften bleiben, wenn sie wollten, gleichberechtigt als kenianische Bürger und privilegiert noch dazu, denn ihre oft riesigen Ländereien konnten sie zum großen Teil behalten. »Kenia Cowboys« nennen sie sich heute im Scherz, und wenn es Ernst wird, führen sie sich auch genauso auf.

Der Geist Yomo Kenyattas schwebte damals noch über dem Land, des großen Alten, der Kenia in die Freiheit geführt und fünfzehn Jahre lang dessen erster Präsident gewesen war – erst 1978 war er gestorben. Niemand wusste noch, dass sich sein Nachfolger Daniel Arap Moi als macht- und raffgieriger Opportunist entpuppen würde, korrumpiert nicht zuletzt durch den reichlichen Geldsegen der europäischen Länder, die sich geradezu darum stritten, sinnlose Projekte in falschen Gegenden zu finanzieren, wo sie später ungenutzt vermodern würden. Niemand ahnte, dass das Nachbarland Somalia, nur durch eine unmarkierte, einst mit dem Lineal gezogene Wüstengrenze getrennt, bald in Bürgerkrieg und Chaos verfallen würde. Niemand hätte das furchtbare Gemetzel zwischen den Hutu- und Tutsi-Stämmen in Ruanda für möglich gehalten, auf der anderen Seite des Viktoriasees, mit 500 000 Toten. Und wer damals Aids hatte, wusste es noch nicht, sondern nannte die Krankheit *Slim-slim*, das stete, unvermeidliche Dünnerwerden bis zum Tod, dessen Ursache vermutlich die Hexerei böser Nachbarn war. Stattdessen herrschte Hoffnung und Zuversicht: Kenia wurde zum Land mit dem höchsten Bildungsstand Schwarzafrikas, die Wirtschaft erlebte ihre erste Blüte, die Touristenzahl hatte sich innerhalb von vier Jahren verdoppelt und die der Entwicklungshelfer verzehnfacht.

Mit diesem Idealbild Kenias vor Augen und unter dem Eindruck der Begegnung mit Anna Nduku begann ich meine eigene Entwicklungshilfe. Mit sämtlichen Fehlern, die man dabei machen kann, und ein paar eigenen noch dazu.

Meine bisherige Reiseregel war immer gewesen: Nie zweimal zum selben Ziel. Mit der einfachen Begründung: Wenn es irgendwo besonders schön war, ist man beim zweiten Mal meistens enttäuscht. Und wenn es NICHT schön war, will man ohnehin nicht mehr hin.

Für Kenia trat diese Regel außer Kraft. Mindestens einmal im Jahr zog es mich hin, oft mehrmals, denn es gab noch einen ganz besonderen Reiz, der für mich damals unwiderstehlich war: Im Unterschied zu fast allen anderen afrikanischen Ländern konnte man hier Flugzeuge nicht nur chartern, sondern auch selber fliegen, und vielleicht erinnern Sie sich noch an das Alaska-Kapitel in *Feuersteins Reisen*: Ich war ja stolzer Besitzer eines Pilotenscheins.

»Flüge über Afrika«, seufze ich jetzt lustvoll, und säße ich

Ihnen gegenüber, würde ich mir eine Papiertüte aufsetzen, damit Sie nicht sehen, wie mein Gesicht vor Verzückung aus den Fugen gerät, mit leuchtenden Augen und offenem Mund wie kurz vor dem Orgasmus – und ich hasse es, wenn mir dabei jemand zusieht. Selber-Flieger wissen, wovon ich schwärme: Befreit von der europäischen Enge mit ihren Schranken, Kontrollen und Prozeduren, hat man plötzlich die Unendlichkeit ganz für sich allein. Nur Sterben ist schöner.

Ich nutzte das bis zur Besessenheit – es gibt kein Land, das ich besser kenne als Kenia, aus der Luft jedenfalls: Von oben nach unten, vom Turkanasee, der seit dem Fund eines eineinhalb Millionen Jahre alten Schädels als »Wiege der Menschheit« gilt, bis Oloitokitok, einem Kuhdorf der Massai am Fuße des höchsten Gipfels von Afrika, wo man den Sundowner immer noch in derselben Bar trinken kann, von der aus Ernest Hemingway zum Schnee auf dem Kilimandscharo hochstarrte, bis er vom Hocker fiel. Und von links nach rechts, von Busia an der Westgrenze zu Uganda, wo ich mir den größten Durchfall meines Lebens holte, bis zur Inselstadt Lamu am Indischen Ozean, wo Autos verboten sind und Eselkarren für ein betuliches Leben sorgen, unterbrochen nur, wenn Ernst August von Hannover wieder mal ausrastet und einem Disko-Besitzer wegen nächtlicher Ruhestörung über die Rübe haut (zu Recht, wie ich meine, auch wenn ich sonst Gewalt verabscheue; aber wer je in einer sternfunkelnden Tropennacht unter dem Äquatorhimmel von der Ewigkeit träumte und plötzlich durch Techno-Wummern in die irdische Hölle zurückgestoßen wird, gnadenlos hämmernd bis vier Uhr früh, der weiß, wie gern und schnell man bereit ist, zum Mörder zu werden).

Natürlich flog ich nie allein, sondern mit einem Profi an

meiner Seite, denn ohne Navigationshilfe zwischen Steppe und Bergen jene Sandpisten zu finden, die auf der Karte falsch oder gar nicht eingezeichnet sind, hatte uns in der deutschen Flugschule niemand beigebracht. Und viel wichtiger noch: Das Wissen, ob es dort Sprit für den Rückflug gibt.

Wie es der Zufall will, war Sam, mein kenianischer Flugprofi, der gleiche Pilot, der zuvor bei den Außenaufnahmen für den Film *Jenseits von Afrika* die Maschine von Robert Redford geflogen hatte. Wir flogen über die gleichen Landschaften, die gleichen Strecken, die diesen Film so eindrucksvoll machen, im Tiefflug natürlich, und damit Sie nicht glauben, ich übertreibe: Ich habe einen prominenten Zeugen dafür, Reinhold Beckmann, der mal mein Gast in Kenia war und den ich in Nairobi mit in ein kleines Flugzeug zwang.

Nur wenige Kilometer westlich der Hauptstadt fällt das Hochland von Nairobi dramatisch in den afrikanischen Graben ab, über tausend Meter tief. Am Rand zwischen der Kühle der Berge und der Wüstenhitze im Tal entfacht die Äquatorsonne heftigste Thermik, mit Turbulenzen, die eine kleine Cessna in einen bockigen Rodeo-Stier verwandelt. Reinhold, der alles über Fußball weiß, aber nichts über das Fliegen, gab hinterher ausschließlich mir die Schuld für den unruhigen Ritt – angeblich stehen ihm heute noch die inzwischen weniger gewordenen Haare zu Berge, wenn man ihn darauf anspricht. Deshalb hier noch mal schriftlich, lieber Reinhold: Afrikas Thermik, nicht meine Flugkunst war der Grund, dass du nach der Landung zum Papst geworden bist und den Boden geküsst hast.

Ich hatte begonnen, Annas Leben zu verändern, in bester Absicht, aber stets mit Auswirkungen, die ich so nicht erwartet hatte. Ich stattete ihre Schulklasse, die bisher auf dem Boden saß, mit Bänken aus – und erweckte dadurch den Neid der anderen Klassen, die weiterhin auf dem Boden hocken mussten. Schlimmer noch: Für Anna hatte der Tischler zu meinem Andenken eine besonders noble Bank geschnitzt, so dass sie nunmehr auf einer Art Edelpranger saß und zusätzlich auch noch von den Mitschülern ihrer eigenen Klasse angefeindet wurde.

Für Annas Mutter hatte ich einen Marktstand zimmern lassen, damit sie sich selbstständig machen konnte. Leider gab es dabei ein Missverständnis: Sie verbrauchte alle Waren, die sie eigentlich verkaufen sollte, selber, und als nichts mehr übrig war, verfeuerte sie den Stand als Brennholz. Und genauso, wie die westliche Spendenpolitik Staatspräsident Moi korrumpiert hatte, brachte ich auf kleinster Ebene einen armen Lehrer in schwere Versuchung, Annas neuen Projektleiter.

Er hieß Mr Fondo, war dick und gemütlich und hatte fünf kleine Kinder. Ich lud ihn ein paar Mal zum Essen ein und freute mich über seinen Appetit: zwei Hähnchen und einen Topf Reis dazu, manchmal auch eine Riesenportion Ugali, den Polenta-ähnlichen Maisbrei, Kenias Nationalgericht. Zwischen den Hähnchenteilen erzählte er mir von seinem Dorf (»Es gibt kein sauberes Trinkwasser, man muss es teuer beim Krämer kaufen oder fünf Kilometer von den Hügeln holen«), von den lokalen Verkehrsregeln (»Nach einem Unfall muss man Fahrerflucht begehen, denn in der ersten Erregung wird nicht nach der Schuld gefragt, sondern der Verursacher totgeschlagen«), von den Giriama (»Nominell sind sie Christen, aber während ihrer Begräbnisfeiern flippen sie komplett aus, da darf dann jeder mit jeder«), vom Los der kenianischen Lehrer (»beschissen«) und natürlich von Anna (»Sie ist keine Giriama, sondern vom Stamm der Kamba, und da heißt es gut aufpassen, denn die haben den Teufel im Leib«).

Mr Fondo war zunächst ein gewissenhafter Vormund Annas und ein willkommener Gesprächspartner bei meinen Besuchen, doch allmählich begann er, sich selber als mein Patenkind unterzuschieben, ein bisschen wie ein Kuckucksjunges, das ja auch zwanzigmal größer und schwerer ist als das von ihm verdrängte Küken, ohne dass die blöden Eltern das merken. Er bat mich um Reisegeld, auch wenn ich zu ihm gefahren war, oder brauchte ein Taschenradio, um mir »die aktuelle politische Lage zu erklären«, wie er es schlüssig begründete, und wenn ich ihn besuchte, war es klar, dass ich nicht mit leeren Händen kommen durfte: ein Sack Ugali, neue Töpfe für Mama und mindestens drei Hühner, damit auch der Rest der Familie eins abbekam. *»My friend!«* schrie er jedes Mal, wenn er mich sah, und erdrückte mich fast in der Umarmung.

Das war der harmlose Anfang. Als ich einmal früher als vorgesehen angereist kam, fand ich heraus, dass er meine Kleiderspende vom letzten Mal – ich schleppte immer kofferweise gebrauchte Klamotten aus dem Bekanntenkreis mit nach Kenia – nicht für die Projektkinder verwendet hatte, sondern ausschließlich für seine Familie. Angesichts der allgemeinen Lage kenianischer Lehrer (»beschissen«) und seiner besonderen mit fünf Kindern war das irgendwie verständlich, und ich machte auch keine große Sache draus. Doch wurde er allmählich zur Nervenplage. Er lauerte mir vor dem Hotel auf, schrie *»My friend!«* und lud sich zum Essen ein. Oder er begegnete mir »zufällig« auf der Straße und lotste mich in einen Laden, weil er »gerade kein Geld dabei« hatte. Er war stets bestens über meine Reisepläne informiert und fing mich einmal sogar bei meiner Ankunft auf dem Flughafen von Nairobi ab. »Damit du dich in der großen Stadt nicht verirrst!«, weshalb er die beschwerliche Busreise aus Mombasa auf sich genommen hatte . . . die ich natürlich bezahlen musste. Ebenso die Rückfahrt und den Zement für den Anbau an sein Lehmhaus, weil ein sechstes Kind unterwegs war.

Höhepunkt seiner Treibjagd war meine wunderschöne, aber wegen des desolaten Schienennetzes und der einsturzgefährdeten Brücken immer ein bisschen lebensgefährliche Bahnreise nach Mombasa. *»MY FRIEND!«* schallte es bei der Ankunft über den Bahnsteig, mächtiger als jeder Lautsprecher, und da stand Mr Fondo und wedelte mit einem Stück Stoff in der Hand: Er habe sich eben einen Anzug anmessen lassen und brauche sofort das Geld für den Schneider. Kann man da Nein sagen?

Das war das letzte Mal, dass ich ihn sah. Als ich ein Jahr später wiederkam, war ein neuer Projektleiter im Amt. Mr Fondo hatte die Kasse veruntreut und war gefeuert worden. Ich werde das quälende Gefühl nicht los, dass ich an dieser Entwicklung mitschuldig bin . . .

Und dann trat Mary in mein Leben.

Sie trug eine gelbe Uniform und saß hinter dem HERTZ-Schalter im »Sindbad«-Hotel von Malindi. Sie las in einem dicken, zerfledderten Schmöker und blickte nie hoch, wenn ich vorbeiging. Sie hatte wohl nie einen Kunden, fünf Tage lang.

Am sechsten Tag brauchte ich ein Auto. Mit feierlichem Ernst zeigte sie mir Werkzeugkasten und Wagenheber – sie konnte ja nicht wissen, dass ich zu jenen gehöre, die lieber hundert Kilometer auf Felgen fahren, bevor sie einen Reifen wechseln. Ins Gespräch kamen wir erst am nächsten Tag, als ich den Wagen wieder zurückgab. »Danke für den guten Service«, sagte ich zum Abschied, »ich werde Sie vermissen.« Sie sah mir ernst in die Augen und antwortete: *»Prove it!«* – Beweise es mir. Da fasse ich mir Mut, wie ich ihn sonst bei ersten Begegnungen niemals habe, und fragte sie, ob sie mit nach Nairobi kommen wolle, für zwei Tage bis zu meinem Rückflug nach Hause. Sie dachte nach und sagte dann: »Ich habe ohnehin drei freie Tage gut.«

Zu Beginn dieses Kapitels hatte ich angekündigt, ich würde meine persönliche Beziehung zu Kenia nur kurz streifen, doch merke ich, dass die Fülle der Erinnerungen zu groß ist, um sich einschränken zu lassen. Sie drängen sich einfach an mir vorbei und möchten ein eigenes Buch werden, zu dem ich aber noch lange nicht bereit bin ... wahrscheinlich nie. Denn ich bin hilflos und feig bei den eigenen Emotionen; um mit ihnen umzugehen, muss ich sie verdrängen, verfälschen oder verspotten. Ich muss daher dringend geistige Sandsäcke aufschütten, um einen Dammbruch zu verhindern. Schließlich will ich ja hauptsächlich von meiner Filmarbeit erzählen.

Ich greife deshalb für den Rest meiner persönlichen Kenia-Erfahrung zum nüchternen Handwerk des Journalismus: ein Interview mit klaren Fragen und präzisen Antworten, kein abschweifendes Geschwätz mehr und kein zielloses Stochern in einer unbewältigten Vergangenheit. Stattdessen ein ehrliches, offenes Gespräch mit mir selbst.

Onkel Mzees Hütte

Dieses Selbstgespräch fand am Karsamstag 2001 auf meiner Terrasse in der Nähe von Köln statt und wurde am nächsten Tag bearbeitet und gekürzt. Stellen, die zwar für das Verständnis wichtig wären, aber trotzdem aus verschiedenen Gründen hinterher gestrichen wurden, sind durch Punkte (. . .) gekennzeichnet.

FEUERSTEIN: War Mary eine Urlaubsromanze?

ICH: Mag sein, dass es so begonnen hat, aber daraus wurde rasch eine der wichtigsten Freundschaften meines Lebens. Über einen Zeitraum von fünfzehn Jahren.

FEUERSTEIN: Du warst doch damals verheiratet?

ICH: Meine zweite Ehe war so gut wie zu Ende. Wir brauchten zwar noch ein Weilchen, bis wir uns endgültig auseinander gerauft hatten – im Guten, zum Glück – , aber uns war klar, dass es so auf keinen Fall weitergehen würde.

FEUERSTEIN: Musstest du deshalb in Malindi gleich ein Haus kaufen?

ICH: Auch wenn man sich im Guten trennt, gibt es turbulente Zeiten. Ich brauchte damals ein Fantasieziel für meinen Seelenfrieden: »Wenn es unerträglich wird, haue ich ab.« Übrigens, was heißt »Haus«? Es war eine lächerliche Steinhütte mit zwei Zimmern ohne Strom und Wasser. Attraktiv war nur das Grundstück: 5000 Quadratmeter mit zwei riesigen Baobab-Bäumen, zehn Minuten zu Fuß zum Meer. Ich hatte es Gigi und Knut abgekauft, zwei lebenden Romanfiguren, wie sie Jack Kerouac nicht besser hätte erfinden können: sie, eine ehemalige Nachtclubsängerin, schwarz, üppig und laut; er, ein liebenswerter, aber im Suff unerträglicher Däne, der beste Swimmingpool-Erbauer südlich der Sahara, wenn er nüchtern war. Sie stritten und prügelten sich ständig und sperrten sich dann immer gegenseitig aus dem Haus, aber sie waren unzertrennlich und liebten sich heiß. Sie suchten gerade ein größeres Haus, aus dem sie sich sperren konnten, und wir waren uns in wenigen Minuten einig.

FEUERSTEIN: Ich dachte, du wolltest nie ein Haus.

ICH: Stimmt. Ich hatte immer eine Scheu davor, weil Besitz einengt und bindet. Ich bin lieber Gast in einer bequemen Herberge, mit gepacktem Koffer im Flur, um jederzeit fliehen zu können. Ein eigenes Haus hingegen ist wie ein Lebewesen. Oder wie ein Teil des eigenen Körpers: Es wächst oder es fault, es verändert sich, schürt Unruhe, stellt Forderungen. Wie berechtigt diese Angst war, habe ich ja schnell erfahren.

FEUERSTEIN: Wieso? Was hat dir das Haus angetan?

ICH: Es wurde in seinen Ansprüchen immer frecher. Richtig unersättlich. Ganz klar, dass erst mal Strom und Wasser reinkommen mussten, vom Wasser übrigens nur die Leitungen – dank der genialen Stadtverwaltung Malindis floss niemals auch nur ein einziger Tropfen durch, trotz monatlich erhobener Grundgebühr. Also ließ ich den Grundwasserbrunnen vertiefen, mit Pumpen ausstatten und Zisternen anlegen, denn inzwischen war an die beiden Räume ein Badezimmer angefügt worden und, wenn man schon mal beim Umbauen ist, ein neues Schlafzimmer. Sowie eine offene, mit Kissen und Teppichen ausgelegte Loggia unter dem Dach, über eine Hühnerleiter erkletterbar. Rund um das Grundstück zog ich eine Mauer aus den rostbraunen Natursteinen, die ja zur Genüge überall herumlagen. Zwei Meter hoch, wie das unter uns wohlhabenden, aber öffentlichkeitsscheuen Arabern üblich ist. Ein Wahnsinnsjob: Bau du mal eine dreihundert Meter lange Mauer aus Naturstein ...

FEUERSTEIN: Ich war dabei.

ICH: ... stimmt, hatte ich vergessen. Da jetzt genug Wasser vorhanden war und keine Steine mehr störten, bot sich an, das Grundstück zu bepflanzen, mit all dem Grünzeug, das man bei uns einzeln und mühsam in Töpfen hochzieht ... in drei Grad südlicher Breite und dreißig Grad im Schatten gibt es fast nichts, was nicht üppig wächst und blüht – so üppig, dass ich bald einen Gärtner brauchte, einen Hausboy sowieso. Also baute ich hinter dem Tor ein Personalhaus dazu. Und wegen der dreißig Grad im Schatten natürlich auch einen Swimmingpool – zum Glück war Knut lange genug nüchtern dafür. Da so ein Pool Gäste geradezu magisch anlockt, ich aber solche nur ungern in meinem Haus beherberge, war es selbstverständlich, ein wenig abseits ein eigenes Gästehaus zu errichten. Anschließend baute ich ...

FEUERSTEIN: Du bist wahnsinnig.

ICH: Du auch. Aber bevor wir jetzt streiten: Bitte bedenke, dass dies alles nicht am ersten Tag passierte, sondern über einen Zeitraum von acht Jahren. Und auch weitgehend ferngesteuert, denn das meiste machte natürlich Mary.

FEUERSTEIN: Stimmt. Eigentlich wollten wir über Mary reden. Was für eine Person war sie?

ICH: Stark, ehrgeizig, leidenschaftlich, aber gleichzeitig orientierungslos, stolz und herrschsüchtig bis zur Gewalttätigkeit. Eigentlich keine typische Luyia.

FEUERSTEIN: Wieso bringst du immer die ethnische Abstammung ins Spiel? Ständig redest du von Massais, Kikuyus und Giriamas und dass Anna eine Kamba sei. Teilst du die Afrikaner nach rassistischen Merkmalen ein?

ICH: Das machen die selber, wobei diese Merkmale nicht rassistisch sind, sondern kulturell: der Unterschied zwischen oft grundverschiedenen Lebensgewohnheiten. Kenia ist ein Vielvölkerstaat aus fast fünfzig Stammesgruppen, wobei die wichtigste Trennlinie zwischen den Bantu und den Niloten verläuft, den sesshaften Bauern und den nomadischen Hirten. Beide beanspruchen von jeher den gleichen Grund und Boden, die einen zum Pflanzen, die anderen als Weideland ihrer Tiere, und beide standen sich deshalb in der Geschichte immer als Feinde gegenüber, wie das Gemetzel zwischen den Tutsi und Hutu von Burundi noch heute beweist. Auch die Gewalttätigkeiten im kenianischen Hochland und an der Küste, die in den letzten Jahren die letzten europäischen Touristen vergraulten, spielten sich genau entlang dieser ethnischen Linie ab.

FEUERSTEIN: Was hat das mit Mary zu tun?

ICH: Sie ist eine Luyia aus dem Westen des Landes, einem Bantu-Stamm, dem man Fleiß, Bildung und Friedfertigkeit nachsagt. Die ersten beiden Eigenschaften hatte sie absolut, aber von der letzteren konnte bei ihr keine Rede sein.

FEUERSTEIN: War Mary streitsüchtig?

ICH: Mein weiser alter Freund Alex Randolph hat sie *ungovernable* genannt, unsteuerbar, unbeeinflussbar. Sie legte sich mit allen an und schadete sich damit meistens selber. Nie befolgte sie einen Rat, nie hielt sie eine Abmachung ein, und nie habe ich auf eine Frau so oft und so lang gewartet, wenn wir verabredet waren – vergebens meist noch dazu. Sie war ein Kraftpaket: faszinierend, wild ... aber wie soll man das auf Dauer aushalten? In einem Einkaufszentrum eröffnete sie ein Café-Restaurant und führte es ganz ausgezeichnet. Aber dann prügelte sie sich mit dem pakistanischen Vermieter und schmiss den Krempel hin, ohne Rücksicht auf Verluste. Ähnlich verliefen ihre weiteren Geschäfte: Sie arbeitete wie ein Tier, aber alles endete im Chaos. Ich weiß noch, wie sie mich einmal am Telefon zu überreden versuchte, meinen Besuch um ein paar Wochen zu verschieben. Weil das nicht möglich war und ich trotzdem zur verabredeten Zeit kam, fand ich den Grund heraus: Sie hatte mein Haus abgerissen, ohne mich zu fragen! Sie hatte es einfach abtragen lassen, bis fast auf die Grundmauern, um es aufzustocken, mit einer großen Halle obendrauf und einem neuen Dach, war aber natürlich nicht fertig geworden. Ich musste ins Gästehaus ausweichen und dachte, ich werde wahnsinnig. Zum Glück bekam ich Malaria und konnte mir deshalb einreden, das Ganze sei ein Fieberwahn. Aber mit Hilfe von Lariam, der neuen Wunderpille von damals, wurde ich viel zu schnell wieder gesund und musste hilflos mitansehen, wie dreißig Bauarbeiter meinen Garten zertrampelten. Dummerweise hatte Mary beim Umbau die Treppe zum neuen Obergeschoss vergessen (»weil ja auch vorher keine da war«, wie sie das logisch begründete). Nachträglich fügten wir eine malerische Außentreppe hinzu, eine von mir entworfene, kühne Holzkonstruktion, gestützt vom großen Baobab-Baum. Ein paar Jahre später stürzte sie ein (das Holz war morsch geworden, kein Konstruktionsfehler!), und Mary brach sich ein Bein ... tja, so rächt sich ein Haus.

FEUERSTEIN: Stimmt es, dass du in Malindi mehrere Hunde hattest?

ICH: Ja. Immer mindestens zwei, manchmal ein richtiges Rudel mit vier oder fünf Tieren. Endlich hatte ich genug Platz dafür sowie Leute, die auf sie aufpassen konnten, wenn ich weg war ... obwohl sie das nicht gerade berauschend erledigt haben, denn wenn ich zurückkam, durfte ich jedes Mal einen Eimer voll Zecken aus den Fellen klauben. Leider kamen immer wieder Puffottern in den Garten, hoch giftig, aber relativ ungefährlich für Menschen, da sie nachtaktiv sind und sich beim geringsten Geräusch verstecken. Aber in den Tropen sind die Hunde ebenfalls nachtaktiv und außerdem so doof, dass sie die Schlangen nicht in Ruhe lassen, wenn sie sie mal aufgespürt haben ... bis diese zuschnappen. Einmal starben gleich drei Hunde in einer einzigen Nacht auf diese Weise.

FEUERSTEIN: Irgendwie klingt das alles wie ein Bericht aus der guten alten Kolonialzeit ...

ICH: Mit dem Unterschied, dass Mary die Kolonialherrin war und ich bestenfalls der Verwalter. Während ich mich im Beisein anderer Menschen äußerst unwohl fühle, brauchte sie viel Personal um sich – mit dem entsprechenden Verschleiß: Ständig wurde geheuert, gefeuert und gebrüllt. Manchmal kam einer zu mir, um sich zu beklagen, aber an meinem verlegenen Lächeln und den hilflos ausgebreiteten Händen erkannte er schnell die Grenzen meiner Macht. Mary ließ sich am liebsten als »*Ma'msab*« anreden, ein wirklich arg kolonialistischer Titel aus Indien, die Kurzform von »*Madam Sahib*«, aber hinter ihrem Rücken nannte man sie »Hexe«. Zu mir sagten die Jüngeren »Onkel« und die Älteren »*Mzee*«, der Ehrentitel für einen würdigen Greis. Mit der Zeit wurde »Onkel Mzee« daraus. Wie sie mich hinter meinem Rücken nannten, weiß ich nicht. Wahrscheinlich »Pantoffelheld« ...

FEUERSTEIN: Hat dich diese Entwicklung überfordert?

ICH: Zunächst überhaupt nicht, denn es war ja eine Fernbeziehung. Ich war immer nur kurze Zeit vor Ort, und es war alles viel zu aufregend und faszinierend, zugleich auch so wunderbar sinnlos und verrückt, denn das Ganze steigerte sich ja noch.

FEUERSTEIN: Wie meinst du das?

ICH: Ich hatte mich mit Don Amolo angefreundet, einem hoch gebildeten Schlitzohr und genialen Anwalt, der es sogar zu internationalem Ruhm brachte, als er für einen Sohn des Fiat-Bosses Agnelli in einer Drogengeschichte, für die jeder Einheimische lebenslänglich gekriegt hätte, Freispruch erwirkte – natürlich durch Bestechung, wie wir alle wussten. Don wachte über Mary, wenn sie Ärger mit den Behörden hatte, kümmerte sich um meinen Krimskrams und verleitete mich zwischendurch immer wieder zu völlig überflüssigen, aber unwiderstehlichen Schnäppchen. So kaufte ich im Lauf der Zeit – natürlich immer für Mary – zwei größere Grundstücke in der Umgebung dazu, ein kleines mitten in der Stadt sowie eine halb fertige Pension für später mal, als ihre Altersversorgung. Außerdem für mich selber das Nachbargrundstück meines Hauses, so dass ich heute einen ganzen Hektar Afrika besitze.

FEUERSTEIN: Du liebe Zeit. Was hat denn das alles gekostet?

ICH (. . .)

FEUERSTEIN: Gib nicht so an!

ICH: Ich schwöre dir, es war mir egal. Es war mein Lehrgeld, der Preis für eine großartige Lebenserfahrung und damit letzten Endes eine Bereicherung für mich. Das einzige, was mich ärgerte, war, dass ich in Deutschland dafür Vermögenssteuer zahlen musste, bis das Verwaltungsgericht 1995 diese Steuerform abgeschafft hat. Wahrscheinlich hatten die Richter von meinem Fall gehört . . .

FEUERSTEIN: Und wie endete die Beziehung mit Mary?

ICH: (. . .)

FEUERSTEIN: Na schön, dann überspringen wir jetzt

ein Dutzend Jahre und ziehen Bilanz: Wie sieht es heute in Malindi aus?

ICH: Nicht gut. Mit dem Somalia-Krieg und den Flüchtlingen kamen Waffen ins Land sowie wilde Kerle, die man je nach Bedarf und Grenzlage Soldaten oder Banditen nennt. Das einst so verschlafene, friedliche Tropennest wurde ein Unruheherd voll drohender Gewalt und ethnischer Spannung. Der Tourismus liegt völlig am Boden und damit auch die lokale Wirtschaft, und sogar die italienische Mafia hat hier einen kleinen Ableger, vielleicht weil »Malindi« so sizilianisch klingt. Wir machten zunehmend böse Erfahrungen. Erst nur Diebstähle, dann ein gewaltsamer Einbruch eines Hausangestellten, der am Tag meiner Ankunft mit der gesamten Reisekasse verschwand, und schließlich ein regelrechter Überfall: Sechs mit Knüppeln und Messern Bewaffnete, die alles Brauchbare mitnahmen, den Rest zerschlugen, Mary verprügelten und einen Wächter fast töteten.

FEUERSTEIN: Und du?

ICH: Ich hatte das Glück meines Lebens. Da es Buchungsprobleme für den Rückflug nach Deutschland gab, war ich einen Tag früher als geplant nach Nairobi gereist und bin wahrscheinlich nur deshalb heute noch am Leben.

FEUERSTEIN: Wie ging es mit deinen Freunden weiter, mit deinem Haus?

ICH: Don Amolo ist tot. Jämmerlich an Aids gestorben. Seine Kanzlei wurde geplündert und massenweise Akten gefälscht. Die beiden großen Grundstücke hat Mary dadurch verloren, alle Abgaben und Steuern vieler Jahre musste ich mangels Unterlagen nochmals zahlen. Von Anna Nduku habe ich auf Umwegen gehört, dass sie mit sechzehn ein Baby bekam und daraufhin die Schule verließ; ich weiß nicht, wo sie heute lebt. Auch Mr Fondo ist verschollen.

Mein Haus habe ich zum letzten Mal vor drei Jahren gesehen, nur ganz kurz, dann fuhr ich gleich wieder weg: Es verfällt allmählich, das Gästehaus ist schon eingestürzt. Der Pool ist leer, mit Sprüngen im Beton, das Filterhaus zertrümmert – nicht mal Knut könnte es reparieren, denn er fiel im Suff vom Motorrad und wurde überfahren. Der Garten ist vertrocknet, die Buschsteppe hat ihn zurückerobert.

FEUERSTEIN: Und Mary?

ICH: Sie führt eine wüste Kneipe mitten in der Altstadt von Malindi und prügelt sich abwechselnd mit korrupten Polizisten und besoffenen Gästen. Das Grundstück in der Stadt wurde zwangsversteigert, die halb fertige Pension ist jetzt nur noch viertelfertig – sie verfällt genauso wie mein Haus. Mary ist älter geworden, aber nicht schwächer, und ich bewundere sie nach wie vor. Sie sagte mir mehrmals, ich solle mich in Deutschland nach einem Mann für sie umsehen, aber ich wüsste nicht, wie ich das angehen soll. Vielleicht meldet sich jetzt einer.

FEUERSTEIN: Wie lautet deine persönliche Bilanz?

ICH: Ich habe ein Haus in Afrika am Rand des Indischen Ozeans. Ein vermoderndes Haus, das ich längst verschenkt oder verhökert hätte, würde nicht Mary immer noch drin wohnen. Und einen dreibeinigen Hocker, handgeschnitzt, mit eingelegten bunten Muscheln. Den hatte mir Don als Geschenk nach Deutschland mitgebracht: einen Mzee-Stuhl seines Stammes, der Luo vom Viktoriasee. Nur der Älteste der Gemeinde hat das Recht, darauf zu sitzen, und was er dabei sagt, ist Gesetz. Ich bin der Älteste meiner Gemeinde, und jetzt sitze ich auf ihm und führe ein Selbstgespräch. Es ist Gesetz, aber niemand hält sich dran.

Johnny Boohoo

Es ist möglich, dass Wolpers der wahre Grund für den Niedergang von Malindi ist, vielleicht sogar von ganz Kenia. Denn im Juli des Jahres 1994 war er dort bei mir zu Gast, und bis dahin war alles noch einigermaßen im Lot gewesen. Aber ich halte das für unwahrscheinlich. Denn wenn auch sein zerstörerisches Potential enorm ist – das hieße doch, ihn überschätzen.

Damals hatten wir gerade die Arbeit am ersten gemeinsamen Reisefilm hinter uns, *Sansibar*, dem Vorläufer von *Feuersteins Reisen*, durch den wir überhaupt erst auf die Idee zu dieser Reihe gekommen waren. Es war ein Schnellschuss des ZDF, um ein Sommerloch zu stopfen, im Auftrag des damaligen Unterhaltungschefs Fred Kogel . . . tja, so ändern sich die Zeiten.

Produzent und Kameramann war der Münchner Filmemacher Peter Hielscher, hoch motiviert und kollegial, dazu ein geschickter Improvisator – unerlässlich bei einer kurzen Drehzeit von nur sieben Tagen. Wie die meisten Produzenten, die selber die Kamera führen, hatte er bei Beginn jeder Szene klar vor Augen, wie sie aussehen sollte. Das hatte ich genauso – aber manchmal vielleicht ein bisschen anders. Und so kam es schon mal vor, dass ich bei meiner geistreichen, mit viel Händefuchteln unterstrichenen Schlusspointe gar nicht mehr im Bild war, weil Peter längst abgeschwenkt hatte und was anderes drehte in der Meinung, ich sei schon fertig. Das war vielleicht gut so, denn ich war damals noch unsicherer, als ich es immer noch bin. Um diese eine Szene mit dem Tintenfisch tut es mir aber auch heute noch Leid: Da hatte ein Fischer einen riesigen Oktopus, der noch lebte und sich heftig dagegen wehrte, an den Fangarmen gepackt und war dabei, ihm an der Hafenmauer die Tinte aus dem Leib zu klopfen. In schauriger Faszination stand ich daneben und kommentierte den Zweikampf (der Fischer gewann) ... doch Peter hatte sich umgedreht und filmte den Sonnenuntergang.

Es war mein zweiter Besuch Sansibars in vier Jahren, und der kurze Abstand reichte aus, um die wachsende Spannung zu spüren, die die Insel in eine ähnlich negative Entwicklung treibt wie Kenia, mit zehnjähriger Verspätung. Es gab die ersten Raubüberfälle am Strand, die ersten Warnungen, nachts in der Stadt nicht mehr ganz so unbekümmert dem Frieden zu trauen, für den Sansibar in ganz Afrika berühmt war, und inzwischen scheint es um diesen Frieden endgültig geschehen zu sein: Krawalle, ethnische Konflikte und die dringende Aufforderung an Touristen, sich von ihren Strandhotels nicht allzu weit zu entfernen.

Vor etwa vierzig Jahren hatten sich die englische Kolonie Tanganjika und das Sultanat Sansibar zu einem neuen, unabhängigen Staat zusammengeschlossen, dessen Name aus den jeweils ersten drei Buchstaben ihrer alten Bezeichnungen gebildet wurde: Tansania. Es war ein Zusammenschluss von recht ungleichen Partnern: Das riesige schwarzafrikanische Festland mit einer Ausdehnung von fast einer Million Quadratkilometern vom Indischen Ozean bis zum Viktoriasee und ein vorgelagertes Inselchen von nicht mal einem halben Prozent dieser Fläche, das sich trotz seiner geografischen Lage überhaupt nicht als Teil Afrikas verstand, sondern als Ableger Arabiens, unter dessen Herrschaft und Kultur es sich seit fast tausend Jahren entwickelt hatte. Dazu ein Stück unbewältigter Vergangenheit: Sansibar war der größte Umschlagplatz von Sklaven an der afrikanischen

Ostküste gewesen, mehrere Millionen Menschen noch im 19. Jahrhundert, von den Arabern gefangen, von den Europäern gekauft.

»Die Sklaven sind hier so wohlfeil, dass man zehn für ein Rind gibt«, meldet noch 1862 ein Berliner Professor voller Begeisterung, und mit lüsternem Schaudern erfahren die Besucher eines besonders schönen Hauses am Hafen, dass dessen einstiger Besitzer, der berüchtigte Menschenhändler Tippu Tip, aus seinem Bestand nicht nur zweimal am Tag zu seiner Entspannung ein neues Mädchen wählte, sondern sogar über einen speziellen Leibeigenen verfügte, der ausschließlich für das Nasenbohren zuständig war. »Abraham und Jakob hatten schließlich auch Sklaven«, rechtfertigte sich Tippu bibelfest gegenüber den Missionaren. Erst 1873 wurde der Export von Sklaven verboten – privat, als Hauspersonal, durfte man sie noch weitere vierzig Jahre behalten.

Würden sich Deutschland und Liechtenstein zu einem »gleichberechtigten Staatenbund« zusammenschließen, wäre dies sicher das Aus für die fürstlichen Extrawürste im Steuerparadies, und so war es wohl unausweichlich, dass sich die Sansibarer ausgebeutet und untergebuttert fühlten: Die Reichtümer der Insel mussten sie plötzlich mit einem der ärmsten Gebiete Afrikas teilen, christlich-animistische Schwarzafrikaner lösten die bisher streng islamische Verwaltung ab, die Politik wurde nur noch in der Hauptstadt Daressalam gemacht. Und was für eine Politik! Ähnlich wie Kenia hatte auch Tansania einen großen Alten, Julius Nyerere, der aber ideologischen Illusionen erlag und sein Land in ein sozialistisches Experiment führte, nach chinesischem Vorbild noch dazu. Aus weit verstreuten, winzigen Dorfgemeinschaften und nomadischen Hirten wurden »landwirtschaftliche Produktionsgenossenschaften«, mit dem Ergebnis, dass der Versuch schon in wenigen Jahren in eine Hungerkatastrophe mündete und die Wirtschaft des Landes komplett zusammenbrach.

Natürlich war auch Sansibar davon betroffen, wenn auch nicht so folgenreich wie das Festland. Heute erinnert nur noch das »Mao-Stadion« in Sansibar-Stadt daran sowie ein Stück Bruderhilfe der DDR: Die hässlichsten und verkommensten Plattenbauten der Welt, mit denen verglichen Berlin-Marzahn wie die Erfüllung des Traums vom paradiesischen Wohnen wirkt, sowie ein trostloses »Luxushotel«, dessen Klimaanlage angeblich bei der Eröffnungsrede von Erich Honecker mit lautem Knall explodierte und seither nicht mehr repariert werden konnte. Auch der Swimmingpool ist schon seit Jahren verödet – aber das habe ich in Malindi auch allein geschafft, ohne Hilfe der DDR.

Als »nachhaltig gestört« kann man die Beziehung zwischen den Festland-Afrikanern und den Insel-Arabern auch heute noch nennen, und die Forderung nach politischer Selbstständigkeit der Insel wird von Jahr zu Jahr stärker. Freilich mit wenig Aussicht auf Erfolg, denn durch den kräftigen Zuzug aus dem Festland verkümmert der arabisch orientierte Teil Sansibars zu immer kleinerer Minorität. Auch die politische Verwaltung ist fast ausschließlich schwarzafrikanisch und regiert die Insel auf eine Art, die von vielen als Besatzermentalität empfunden wird.

Ein bisschen davon bekamen auch wir zu spüren, gleich bei der Ankunft, allerdings mehr auf komische – wenn auch nicht ganz ungefährliche – Art. Wir waren mit einer kleinen Chartermaschine aus Daressalam unterwegs, um einiges später als geplant, da sich die Abfertigung durch den Bürokram unendlich in die Länge gezogen hatte. Kurz vor 19 Uhr setzten wir zum Landeanflug an, und da der Flugplatz von Sansibar um diese Zeit schließt, waren wir froh, dass unser Pilot den Tower überreden konnte, uns gerade noch die Landeerlaubnis zu erteilen.

Als wir auf der Piste aufsetzten, war es Punkt 19 Uhr – und in diesem Augenblick erloschen alle Lichter. Die Markierungen der Landebahn, die Lampen am Rollweg, die Beleuchtung des Flughafens – alles weg und stockdunkel. Für eine größere Maschine oder einen schlechten Piloten hätte das eine Katastrophe bedeuten können ... für uns war es zum Glück nur ein komischer Schreck. Und für mich der einzige Mordanschlag aller Reisefilme, der nicht von Wolpers verübt wurde.

Später gab es noch eine zweite Begegnung mit den Behörden, abermals auf dem Flughafen, als wir zu einem Kamerarundflug um die Insel aufbrechen wollten. Wir hatten bereits die Starterlaubnis und wollten gerade abheben, als wir per Funk zum Tower zurückbeordert wurden: keine Luftaufnahmen ohne amtliche Begleitung.

Da die kleine Cessna nur vier Plätze hatte, musste Wolpers wieder aussteigen, und ein ziemlich großkotziger junger Sicherheitsoffizier setzte sich auf seinen Platz. Er redete kein Wort mit uns, interessierte sich weder für Flugstrecke noch Filmerei – und wurde nur zunehmend blasser. Denn so ein Kameraflug hat es in sich: Die Tür wird ausgehängt, es geht ständig rauf und runter, man schrammt am Boden entlang, fliegt enge Steilkurven und muss sich an den Übergängen von Land zu Wasser immer wieder kräftig durchschütteln lassen. Als wir dann auf dem Boden waren, bewies uns der Bewacher, wie großkotzig er wirklich war: Er sprang aus der Maschine und übergab sich lang und heftig. Auch meine Schuhe kriegten was ab.

Die Schönheit der Altstadt von Sansibar (Insel und Hauptstadt haben den gleichen Namen) ist weltberühmt, und ihre Hafenfront gehört inzwischen zum Weltkulturerbe der UNESCO. Das hat den Vorteil, dass dort jedes Mauerstück erhalten bleibt und kunstvoll renoviert wird, aber auch den Nachteil, dass die Menschen, die früher hier wohnten, allesamt ausziehen mussten, weil die Mieten nicht mehr erschwinglich sind. Hier steht das Haus mit dem ersten elektrischen Aufzug des afrikanischen Kontinents (1883: vier Stockwerke hoch) und hier fand der kürzeste Krieg der Geschichte statt (1896: 38 Minuten, von 9.02 bis 9.40 Uhr; die Engländer gewannen). Und wenn Sie, im Unterschied zu mir, auf Freddy Mercury stehen, wird es Sie vielleicht interessieren, dass er hier geboren wurde (5. September 1964).

Noch etwas habe ich auf dieser Reise gelernt: dass die Zahnbürste keineswegs ein Kulturgut westlicher Hygiene ist, sondern aus Afrika stammt, wahrscheinlich von der Gewürzinsel Sansibar. Sie heißt *M'swaki*, wie der Baum, auf dem sie wächst *(M'swaki salvadora persica)*. Man bricht ein Zweiglein davon ab, kaut so lange, bis ein Ende faserig wird, und poliert damit die Beißer; die dabei frei werdenden Wirkstoffe sorgen für gesundes Zahnfleisch, Wohlgeruch und blendendes Weiß, und wenn man die Bürste wegwirft, ist sie ein Stück Natur und braucht keinen »gelben Sack«.

Schon bei der Vorbereitung auf Sansibar war mir ein Oldie aus jungen Jahren in den Sinn gekommen, und während der ganzen Reise kroch seine Melodie als Ohrwurm unerbittlich durch alle meine Hirnwindungen. Vom Text weiß ich, wie das bei Ohrwürmern üblich ist, nur noch den Anfang: *In der alten Hafenbar – auf der Insel Sansibar – hööört man – schwööört man – nur auf Johnny Boohoo . . .*, ein Schlager aus den fünfziger Jahren, bei dem es um einen verwegenen Klavierspieler ging, der die Herzen aller einheimischen Frauen entflammte, ... *wenn er in den Tasten wühlt und auf seinem Kasten spielt.* Da ich damals in Salzburg Musik studierte, hatte ich in puncto Frauen das gleiche Ziel und konnte mich, obwohl ich sonst überhaupt nicht auf Schlager stehe, bestens mit Johnny identifizieren.

Ob es diesen Johnny Boohoo auf Sansibar wirklich gegeben hat? So abwegig ist diese Frage gar nicht. Den *Amadeus* von Falco gab's ja auch in Echt, und das Traummädchen von Udo Jürgens, *Siebzehn Jahr, blondes Haar*, beruht ebenfalls auf einem lebendigen Vorbild, auch wenn das Original höchstens fünfzehn war, wie man das von Udo gewohnt ist.

Die Suche nach Johnny Boohoo wurde zum roten Faden für den Sansibar-Film. Ich befragte alle erdenklichen Leute, wühlte im Hinterzimmer einer Hafenbar selber in den Tasten eines uralten Klaviers, las sorgfältig alle Namen im Museum und suchte sogar den Friedhof ab, wo ich aber nur das Grab eines Harald Schmidt fand, leider des falschen. Von Johnny Boohoo aber gab es nirgendwo eine Spur. Dafür lernte ich Wolpers besser kennen.

Mit Godehard Wolpers hatte ich bereits in den Vorjahren mehrfach zu tun – darüber habe ich ausführlich in *Feuersteins Reisen* berichtet, im Kapitel mit dem treffenden Namen »Menschenopfer«. Der Sansibar-Film war aber unser erstes gemeinsames Projekt, die erste gemeinsame Reise. Zugegeben, Wolpers war auch damals schon streitsüchtig, frech und alles andere als nett, aber im Großen und Ganzen erträglich. Er war ja noch am Anfang. Erst mit zunehmender Professionalität seiner Arbeit wuchs auch sein Selbstvertrauen – und damit seine Bosheit, bis er schließlich den heutigen Zustand erreichte: Ausschließlich von niedrigsten Instinkten gesteuert, die klassische Entwicklung, wie man sie auch von Serienmördern kennt. Ich gebe zu: In Sansibar ging von Wolpers noch keine Gefahr aus. Umso mehr aber von einer Frau.

Sie war eine sudanesische Exilprinzessin, die ein Strandhotel auf der Insel besaß, eine exotische Schönheit mit enormer erotischer Ausstrahlung, deren Wirkung sie kannte, versprühte und genoss. Sie war unsere Organisatorin vor Ort und hätte beinahe einen Keil in die Beziehung zwischen Peter Hielscher und mir getrieben, da wir ihr beide verfallen waren und willenlos hinter ihr her sabberten. Wir buhlten hündisch um ihre Gunst und beneideten einander sogar um jeden Misserfolg.

Nun weiß man zwar schon seit Turandot, dass der Umgang mit Prinzessinnen aus dem Morgenland nicht ganz einfach ist, aber gerade das macht ihn ja so spannend. Während man bei Turandot nur Rätsel lösen musste und bei Versagen geköpft wurde, bot unsere Sansibar-Prinzessin eine viel kniffligere Variante an, bei der das Versagen gleich mit eingebaut war: »Wetten, dass du es nicht schaffst, mich zu erregen?« lautete ihr Spiel, während ihr Kampfhund zähnefletschend auf dem Teppich lag und die Entwicklung misstrauisch beobachtete. Männer wie ich, die nur ihren messerscharfen Verstand als Reizmittel zur Verfügung haben, um Frauen in die sexuelle Raserei zu treiben, sind da hilflos – das ist ein Fall für die California Dream Boys. Und da Peter auch nur äußerlich ein Bavarian Dream Boy ist, innerlich aber ein Kuschelhase, war er genauso zum Scheitern verurteilt.

Wir litten wie die Tiere und taten, was alle Männer an dieser Stelle tun: Wir lästerten über die Weiber, lachten verkrampft . . . und versuchten es später in Deutschland erneut, diesmal getrennt. Und natürlich genauso erfolglos.

Inzwischen weiß ich, dass dies die gängige Methode arabischer Prinzessinnen ist, um Jungfrau zu bleiben. Wenn nötig, zeitlebens. Sogar Johnny Boohoo wäre da gescheitert.

Die Angst der Großwildjäger vor dem Reservetank

Wenn Sie in Tansania einen Kaffernbüffel schießen wollen, kostet das 600 Dollar. Aber nur der erste. Der zweite sollte eigentlich billiger sein, wie man das zu Hause vom Doppelpack gewohnt ist. Stimmt aber nicht: Das zweite Tier kostet 720 Dollar und das dritte gar 840. Dann ist sowieso Schluss, denn mehr Büffel pro Jäger sind nicht erlaubt, da kennt die Jagdbehörde keine Gnade. Elefanten sind sogar noch stärker rationiert: nur ein einziger pro Großwildjäger, für stolze 4000 Dollar. Für so viel Geld gäbe es theoretisch zwei Leoparden, aber auch diese Tiere sind reine Solonummern. Vielschießern empfehle ich daher Buschschweine. Die dürfen Sie unbeschränkt jagen, für lumpige 90 Dollar das Stück.

Gar nicht so teuer, denken Sie jetzt bestimmt und sind schon auf dem Weg ins Waffengeschäft, aber da kommt dann doch noch ein bisschen was dazu: Auf einer siebentägigen Safari brauchen Sie mindestens einen Berufsjäger zur Begleitung (8500 Dollar), und wenn Sie zu langsam sind oder die Tiere zu schnell, werden schnell vierzehn Tage daraus (14 730 Dollar), oder gar drei Wochen (22 235 Dollar), falls Sie ständig danebenschießen. Dazu 200 Dollar pro Tag und Träger, denn Sie wollen Ihren Elefanten ja nicht selber ins Camp schleppen, und allein ein Büffel wiegt seine 500 Kilo. Der Charterflug ab Arusha kostet natürlich auch ein bisschen was: Zwischen 1000 und 3500 Dollar, aber dafür ist die Abholung hinterher im Preis mit drin . . . falls Sie sich nicht selber erschossen haben. (Ich hasse Witze, aber hier ist ein ganz kurzer, der zum Thema passt: »Treffen sich zwei Jäger. Beide tot.«)

So um die 30 000 Dollar beläuft sich also der untere Eintrittspreis für eine Großwildjagd, ohne Grenzen nach oben, und wer meint, dass diese Zunft zusammen mit Hemingway ausgestorben ist, irrt. Sie ist nach wie vor ein populärer Millionärssport und für Länder wie Tansania ein wichtiger Devisenbringer dazu, denn gut die Hälfte des Geldes geht an den Staat. Das Gewerbe ist streng lizensiert und wird mit der Diskretion eines noblen Massagesalons ausgeübt. Denn da die Großwildjagd als fast so anrüchig gilt wie die Betreibung eines Atomkraftwerks, will sich kaum ein Kunde öffentlich dazu bekennen – den Abschuss eines Löwen feiert man grundsätzlich nur im engsten Freundeskreis. Doch gibt es mehr solcher Jagdtouristen als man denkt. Fragen Sie ruhig mal Ihren Nebenmann im Flugzeug nach Afrika. Vielleicht gesteht er Ihnen nach dem dritten Drink, dass er nicht nur Fotos schießen will, sondern das echte Zeug – aber fragen Sie nur, wenn Sie oben sitzen, in der First; in der Holzklasse finden Sie die Nobel-Nimrods natürlich nicht.

Neben Bankern, Steueranwälten und ähnlichen Berufsgruppen mit besonders hohem Tötungsdrang gibt es unter den Großwildjägern erstaunlich viele Mediziner, was mich die folgende Theorie aufstellen lässt: Viele Ärzte sind es leid, ihre Patienten immer nur zu heilen, sondern möchten sie auch mal umbringen; da ihnen das aber gesetzlich verboten ist, töten sie als Ersatzbefriedigung Tiere. Unter diesem Gesichtspunkt könnte auch ich ohne weiteres Großwildjäger sein. Ich brauchte mir nur Wolpers als Büffel vorzustellen, vom Geruch her übrigens gar nicht so schwierig.

Auch zwei Arten von Frauen bedrohen die afrikanische Fauna: Erfolgreiche Powertussen, vor denen wir Männer Angst haben und uns verstecken; weil sie keinen von uns vor die Flinte kriegen, suchen sie sich ein Tier aus, das dem Typ ihres Traummanns am nächsten kommt, meist Elefanten, aber auch schon mal einen Pavian (100 Dollar). Oder reiche Witwen, die bereits ihre erste männliche Beute erlegt haben und dadurch auf den Geschmack gekommen sind.

Jetzt werden Sie natürlich wissen wollen, woher ich dieses Expertenwissen bezogen habe. Die Antwort ist einfach: Ich musste in Tansania mit einem Großwildjäger eine ganze Nacht verbringen, zwangsweise. Schuld war natürlich Wolpers, und das Ganze kam so:

Ostafrika hieß unser sechster Reisefilm, zwei Jahre nach *Sansibar* (und damit eigentlich der siebte, wenn man *Sansibar* mitzählt), und sein Thema war Kenia und Tansania. Dazu gehörte natürlich auch die Begegnung mit einem gestandenen, klassischen *Big Game Hunter*, einem Profi mit der Lizenz zum Töten, unter dessen Obhut man überhaupt erst an einer solchen Jagd teilnehmen darf. Es musste natürlich ein Weißer sein, aus Gründen der politischen Korrektheit, denn ein schwarzer Jäger hätte durch den Einheimischen-Bonus einen wirksamen Immunschutz gegen Ethikfragen aus Europa, da stünde der Frager sofort als moralischer Kolonialist da. In eine solche Falle wollte ich keineswegs tappen, denn ich war entschlossen, die Sache so grün und kämpferisch anzugehen, wie man das von einem Dritten Programm erwartet: »Wie kann man nur Tiere umbringen,

Dieses Foto ist eine Sensation, denn es zeigt zum ersten Mal in der Geschichte einen vollständigen Massai-Tänzer (rechts). Da dieser Tanz nur aus hohen Sprüngen besteht und die Massais sehr groß sind, springen sie nämlich sonst immer total aus dem Bild – wie der Tänzer links – und sind deshalb nur teilweise zu sehen, auch wenn man sie noch so fest an der Hand hält.

Reinhold Beckmann vor dem Start, zusammen mit Geli Fuchs und dem besten Piloten der Welt.

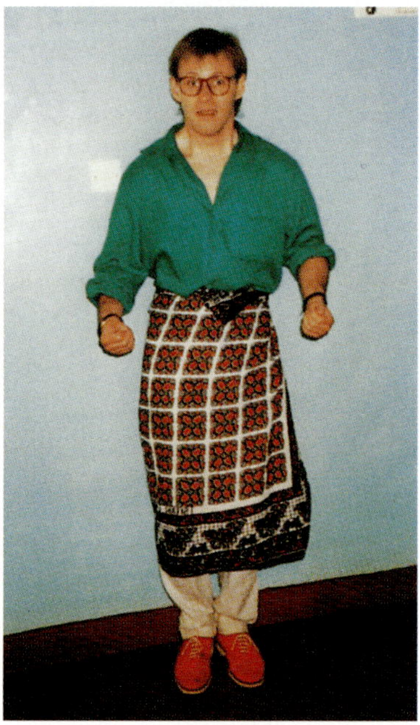

Hinterher drehte Reinhold völlig durch und ist seither wahnsinnig, aber trotzdem ziemlich erfolgreich.

Mary. Auf der ständigen Suche nach Gegnern.

Mein Haus in Afrika. Mary sitzt auf der Gartenmauer und wartet, dass ich Malaria kriege, damit sie es umbauen kann.

Ich habe Malaria gekriegt, und sie hat das Haus umgebaut.

Leider hatte sie in der Eile die Treppe vergessen. Aber wer sagt, dass eine Treppe immer innen sein muss?

Immer wieder werde ich gefragt: Wie wäscht man Elefanten?

1. Man bittet um Erlaubnis, ihn waschen zu dürfen.

2. Man schüttet Wasser über den Elefanten.

3. Aber das nützt nichts, weil er sich ohnehin gleich im Dreck wälzt. Daher meine Antwort: Waschen Sie lieber Ihr Auto.

Dieses Bild schoss Wolpers durch das Teleobjektiv aus einem Bunker in sicherer Entfernung von mehreren Kilometern, während er mich per Funk und Hypnose zwang, im offenen Jeep immer engere Kreise um den Löwen zu ziehen. Zusätzlich baute sich auch noch ein Gewitter auf, und ich hatte nicht mal einen Regenschirm dabei.

noch dazu solche edlen und einzigartigen, deren Lebensraum immer knapper wird, pfui!«

Freilich, sehr wohl fühlte ich mich bei diesem Thema nicht, denn bei näherem Hinsehen erkennt man schnell, dass das alles doch ein bisschen anders ist. Die Naturparks brauchen die gleiche Pflege wie unsere Wälder, die Tierbestände müssen im Gleichgewicht gehalten werden; sind sie zu groß und wandern die Tiere über die Schutzgrenzen hinaus, werden sie – wie seit tausenden Jahren üblich – von den Anwohnern als Bedrohung der Äcker oder willkommenes Nahrungsangebot angesehen und ohne Gnade gejagt.

Sowohl in Kenia als auch in Tansania hat man längst eingesehen, dass die Erhaltung der Tierbestände auch die Grundlage des Tourismus darstellt und damit eine wichtige Einnahmequelle ist, und geht – jetzt mal abgesehen von der üblichen Korruption und dem oft recht laschen Engagement im Kampf gegen die weit verbreitete Wilderei – sehr pfleglich damit um: Nur überzählige Tiere werden zum Abschuss freigegeben. Mit den Quoten nimmt man es sehr genau und bestimmte Tiere gibt es entsprechend selten – deshalb auch die stolzen Abschusspreise. Und der Handel mit Elfenbein oder Jagdtrophäen ist verboten. Offiziell jedenfalls.

Nun fehlt mir selber jeglicher Sinn für die Jagdlust, und wenn ich auch liebend gern Lammkeule esse, würde ich es vorziehen, dass die Schafe Selbstmord begingen, sobald sie schlachtreif sind, wobei sie sich vorher möglichst auch noch häuten und ausnehmen sollten. Dass es jemandem Freude bereitet, ein Tier zu töten, egal ob Rind oder Löwe, will mir überhaupt nicht in den Kopf. Wahrscheinlich geht das auf ein Kindheitserlebnis zurück, als ich elf war. Da hatte mich mein Vater in den Salzburger Bergen mit auf die Jagd gezwungen, um einen Mann aus mir zu machen (was ihm zum Glück nicht gelang und erst mehrere Jahre später von einer gewissen Marianne besorgt wurde, nachträglich tausend Dank). Zur nächtlichen Stunde hatte er mich aus dem Bett geholt und durch den feuchtkalten Wald getrieben. Und als ich dann mit ansehen musste, wie er in fiebrig-zitternder Mordlust auf dem Hochsitz lauerte und plötzlich mit einem heiseren Lustschrei auf einen Rehbock feuerte, der in der Morgendämmerung froh und lebendig zwischen den Bäumen erschienen war, wurde mir todübel. Ich musste heulen und wünschte mir damals, es wäre umgekehrt: Der Rehbock säße oben bei mir, und gemeinsam würden wir meinen Vater erlegen.

Aber das ist mein privates Trauma, aus dem ich kein Werturteil schmieden möchte. Außerdem steht uns Europäern moralische Entrüstung in Sachen Tierschutz sowieso nicht gut an, wenn man an die Millionen sinnlos vernichteter Rinder beim letzten Seuchen-Medienrummel denkt. Trotzdem war ich voller Vorurteile bei dieser meiner ersten Begegnung mit einem Berufs-Großwildkiller: Was für ein Miesling mag das bloß sein?

Er war kein Miesling, trat weder protzig auf noch arrogant, hatte kein Sturmgewehr umgehängt, sondern eine schlichte, ärmlich wirkende Holzflinte, und trug weder Cowboystiefel noch Tropenhelm. Er wirkte bieder und sah eher aus wie ein Taxifahrer, was mich zunächst beruhigte, aber gleich danach furchtbar erschreckte. Denn stellen Sie sich vor, unsere Taxifahrer liefen alle mit einem Gewehr herum und hätten ein Buschmesser im Gürtel.

Es war gar nicht einfach gewesen, einen Profijäger vor die Kamera zu bekommen. Wir kassierten anfangs nur Ablehnungen, denn die Berufsgruppe ist klein, und so gut wie alle hatten schon ihre Erfahrungen mit Journalisten hinter sich, die sich erst kumpelhaft angenähert hatten, um sie dann als Tierquäler und Arten-Ausrotter in aller Welt bloßzustellen. Unser Mann übrigens auch, und es ist mir bis heute ein Rätsel, warum er sich mit uns eingelassen hat. Wahrscheinlich wegen der Kohle, weil gerade Saisonflaute war, und deshalb verschweige ich auch seinen Namen ... aus Kollegialität, denn so was kenne ich von mir selber.

Ich begann unser Gespräch mit ein paar Schmeicheleien, die Standardmethode, um Eitelkeiten zu nähren und Schwätzer zum Reden zu bringen, um sich dabei selbst zu entlarven. Während das anderen bei mir selber immer ganz toll gelingt, verfing das bei ihm überhaupt nicht. Er antwortete leise und knapp, fast resignierend und ein bisschen gelangweilt, wie ein Jesuit im Gespräch mit dem Rabbiner: Ich würde ihn nie verstehen, und er würde gar nicht erst versuchen, mich zu bekehren.

Ich verstand ihn aber doch, auch wenn das Gespräch nicht vorankam. Ob er seinen Beruf liebt? »Er hat Vor- und Nachteile, wie jeder andere auch.« – Wie ist das mit dem Töten von Tieren? »Das besorgen meine Kunden.« – Was sind das für Typen? »Weiß ich nicht und geht mich auch nichts an.« – Ist er glücklich und zufrieden? »Eher selten.« – Unglücklich? »Nicht oft.« – Wie oft sieht er seine Familie? »Ich habe keine.«

Hier unten, in der glühend heißen, staubtrockenen Savanne, wo ein Stück Afrika gerade dabei ist, wegzubrechen und in den nächsten paar hunderttausend Jahren zur Insel zu werden, wie einst schon Madagaskar, war ein Einsamer am Werk, für den in der Menge kein Platz ist, ein Sonderling und Außenseiter, ein Sucher in der Wüste also, der ich ja ebenfalls zu sein glaube, auch wenn meine Wüste nicht aus Sand besteht, sondern aus Seelenstaub. Was soll man so einen fragen? Hätten wir ein Porträt über einen Großwildjäger gemacht, würden wir ihn jetzt schweigend durch die untergehende Sonne aus dem Bild wandern lassen, mit Musik von Gustav Mahler. Aber wir machten einen Unterhaltungsfilm.

Ich versuchte es trotzdem noch einmal: Wie denn das Verhältnis zu seiner Waffe sei? Ich dachte immer, ein Jäger hätte ein geradezu erotisches Verhältnis zu seinem Gewehr, das seine jedoch sehe eher schäbig aus, mit abgewetztem Lauf und sogar ein paar Sprüngen am Kolben. »Das sind keine Sprünge, sondern die Kratzer eines Leoparden, der mich von einem Baum angesprungen hat.« Da schwieg ich endgültig, und Stephan schaltete die Kamera ab. Wir wussten, dass dieses Gespräch für den Film unbrauchbar war. Ich bin einfach nicht abgehärtet genug für den Enthüllungsjournalismus ...

Die Begegnung fand an der Südspitze des *Lake Natron* statt, eines Naturwunders am tiefsten Punkt des afrikanischen Grabens: ein Sodasee, der sich von der kenianischen Grenze vierzig Kilometer lang nach Tansania erstreckt, bis zum Fuß des *Ol Doinyo Legai*, dem heiligen Berg der Massai. Das Natriumkarbonat-haltige Wasser ist lebensfeindlich für Mensch und Tier, außer für eine bestimmte Algenart, die die Hauptnahrungsquelle für Flamingos bildet. Zehntausende dieser Vögel leben hier, neben dem Großwildjäger unser zweites Ziel in dieser Gegend. Außerdem hatte ich Lackmuspapier und ein Minifläschchen Whisky mitgebracht, für eines meiner wissenschaftlichen Experimente, auf die ich zum Leidwesen von Wolpers immer wieder bestehe. Ein Doppelexperiment: Ich wollte nachprüfen, ob das Wasser des Sees wirklich alkalisch ist, und anschließend kosten, wie das Ganze als Whisky-Soda schmeckt.

Der eine Teil des Experiments klappte vorzüglich: Der rote Lackmusstreifen wurde in Sekundenschnelle blauer als mein alter Chemielehrer, der für seine Experimente mit Äthylalkohol und selbst gemixten Aromaten stadtbekannt war; auf den anderen mussten wir leider verzichten, da einer der Fahrer die Whiskyflasche leer getrunken hatte ... durchaus verständlich bei dem enormen Flüssigkeitsbedarf in einer Gegend, in der es bis zu 60 Grad heiß wird.

Im seichten Wasser des Seeufers standen die Flamingos und verfolgten mein Tun in stummer Bewunderung. Hunderte waren es, wenn nicht tausende, ihre Zahl verdeckte den Wasserspiegel. Da erwartet man vom Fernsehen natürlich, dass sie zum glorreichen Finale allesamt auffliegen, möglichst in einem einzigen Schwarm. Endlich zahlte sich aus, dass wir einen Großwildjäger engagiert hatten: Er feuerte seine Flinte ab – und alle die tausend Flamingos flatterten gleichzeitig hoch. Sie kreisten einmal über unseren Köpfen und zogen dann im weiten Bogen zu den Bergen am Horizont, ein Traumbild, wie es die Werbung nicht schöner bieten könnte. Natürlich hätte Wolpers beinahe alles verdorben, als er vorschlug, noch eins draufzusetzen und nach dem Schuss einen toten Flamingo auf mich runterfallen zu lassen, aber darauf antworteten wir gar nicht erst.

So nett mein Laborversuch am Sodasee sein mochte, im fertigen Film füllte er knapp neunzig Sekunden und war damit doch ein bisschen wenig für den Aufwand eines ganzen Drehtags – die Begegnung mit dem Großwildjäger selbst hatte sich ja als Nullnummer entpuppt.

Aber dann kam es noch viel dicker.

Zwar liegt der *Lake Natron* an der Grenze der beiden viel besuchten Nationalparks Masai Mara (Kenia) und Serengeti (Tansania), doch gibt es keine einzige Straße, die auch nur in seine Nähe führt, nur wilde Geröllpisten, die selbst per Allradantrieb kaum zu bewältigen sind. Der Großwildjäger, dessen Jagdrevier in dieser Gegend lag, hatte deshalb eine kühne Logistik ertüftelt: Von Arusha aus würde uns eine Cessna zu einer Lodge in der Nähe des Sees bringen, wo uns der Jäger mit seinem Geländefahrzeug erwartet und zu den Drehorten fährt. Da der See gerade einen besonders niedrigen Wasserstand hatte, wäre das Ufergelände trocken genug, dass das Flugzeug am späten Nachmittag dort landen könnte, um uns wieder aufzunehmen. Allerdings bot die Maschine nur Platz für drei Passagiere, so dass Erik einen Tag Urlaub bekam.

Der Hinflug war märchenhaft, die Autofahrt zum See ein Albtraum. Denn die letzten zehn Kilometer ging es steil abwärts, manchmal über Abhänge ohne festen Untergrund, über die der Geländewagen mehr rutschte als fuhr, manchmal über ein Bachbett mit so viel Steinen, wie sie mir sonst eigentlich nur der WDR in den Weg legt. »Es muss wohl kürzlich mal geregnet haben«, murmelte unser Jäger, eigentlich eine Seltenheit in dieser Gegend, aber er sei ja schon zwei Jahre nicht mehr hier gewesen. Und dann murmelte er einen weiteren Satz, dessen Bedeutungsschwere wir aber zu diesem Zeitpunkt noch nicht erkannten: »Zurück kommen wir über diesen Weg auf keinen Fall.«

Schon während des Drehens hatten wir festgestellt, dass das Seeufer gar nicht so glatt und trocken war wie vorgesehen (»Es muss wohl kürzlich mal geregnet haben«, murmelte der Jäger zum zweiten Mal an diesem Tag). Präziser ausgedrückt: Wo der Boden glatt war, war er feucht und sumpfig, und wo er fest und trocken war, lagen Steine, so dass an eine beliebige Landung nicht zu denken war. Also beschlossen wir, einen Flugplatz zu bauen.

Über eine Länge von 400 Metern, die ich als Mindestlandestrecke errechnet hatte, räumten wir die Steine aus dem Weg, in einer Breite von zehn Metern. Erst sämtliche Steine, dann nur noch die großen, denn das Thermometer zeigte immer noch mehr als 30 Grad, auch wenn es schon fünf Uhr nachmittags war. Den Anfang der Piste markierten wir mit unseren Gerätekisten, den Verlauf mit Steinen, die wir auf Papiertaschentücher legten, und am Ende stand Wolpers mit dem Auftrag, das Flugzeug aufzuhalten, falls es über die Landebahn hinausschoss. Als altem Flieger war mir natürlich klar, dass diese Strecke zwar zum Landen reichte, nicht aber für den Wiederstart: Voll beladen bei der hohen Temperatur braucht man mindestens 100 Meter mehr, eher 200. Aber ich ließ das die Sorge des Piloten sein, der bestimmt traurig wäre, wenn er nicht selber Steine wegräumen dürfte.

Dann hörten wir ein Brummen über unseren Köpfen, und in Erwartung des kühlen Biers im Hotel von Arusha begannen Stephans Augen so heftig zu leuchten, dass wir sie ohne weiteres als Landelichter hätten benutzen können. Die Maschine zog eine Platzrunde, wie sich das gehört, setzte dann zum Landeanflug an, kam ganz präzise zum Anfang der Piste – und startete wieder durch. Klar, erläuterte ich den Nichtfachleuten, das ist ein Profi, der prüft erst mal optisch die Qualität unseres Flugplatzes.

Tatsächlich kam er wieder, setzte fast auf dem Boden auf – und startete abermals durch. Steil zog er nach oben, wackelte mit den Flügeln (wir hatten keinen Funk) und verschwand. Wir schauten uns ratlos an, und ich änderte drastisch meine Beurteilung des Piloten: »Das ist kein Profi, das ist ein Arschloch.«

»Wir können versuchen, mein Camp zu erreichen, es liegt etwa siebzig Kilometer von hier«, sagte der Löwenjäger.

»Wieso *versuchen*?« fragte ich mit flatternder Stimme.

»Weil ich nicht sicher bin, ob der Sprit reicht.«

Inzwischen war es sechs Uhr geworden, und wir fuhren los.

Gegen halb sieben ging die Sonne unter, und dann wurde es so schnell dunkel, wie es sich für die Tropen gehört: In fünfzehn Minuten herrschte stockfinstere Nacht. Der Jäger schien die *direttissima* gewählt zu haben, die Bienenfluglinie quer durch die Landschaft, die hier zum Glück flach und sandig war, wenn auch nicht immer. Wenn ein Stein im Weg lag, verriss er das Lenkrad mit einer präzisen Bewegung, die klein genug war, um nicht aus der Spur zu geraten, aber groß genug, um unsere Schädel gegen die Seitenscheibe zu knallen; war es ein Busch, fuhr er einfach darüber hinweg, und wieder ein Milliliter Diesel gespart.

Erstaunlich, wie viele Tiere in den ersten Nachtstunden unterwegs sind. Immer wieder flogen erschrockene Vögel vor uns auf, eine ganze Gazellenherde lief uns über den Weg, die wir für 170 Dollar pro Stück hätten überfahren können, sowie mehrere Buschschweine (90 Dollar). Einmal tauchte sogar ein Zebra im Lichtkegel der Autoscheinwerfer auf und blieb geblendet stehen. Ein Ausweichmanöver kostete zwar ein bisschen Sprit, sparte aber 590 Dollar Tötungsgebühr.

Plötzlich war da noch ein zweites Licht. Ein rotes. »Das ist der Reservetank«, sagte der Großwildjäger und zermatschte einen Dornbusch.

Bald also würde der Motor zu stottern und ruckeln beginnen, und dann würden wir stehen bleiben, mitten im Nichts. Und am nächsten Morgen müssten wir loswandern, mit unbekanntem Ziel in der wasserlosen Hitze ... wenn wir diesen Morgen überhaupt erlebten. Denn bestimmt lauerten sie schon auf uns, die großen Brocken mit den höchsten Preisen: Elefant, Büffel, Löwe, Leopard und das unbezahlbare Nashorn, die *Big Five* ...

Sechs Augen starrten nur noch auf das Warnsignal. Jedes Geräusch war verstummt, wir kümmerten uns nicht mehr um die vorbeihuschende Tierwelt in der Dunkelheit, so aufregend sie auch sein mochte – und ich könnte schwören, ich habe auch einen Säbelzahntiger darunter gesehen, ein Mammut und einen Yeti.

Es war schon fast halb elf, als wir im Camp ankamen. Ich war viel zu angespannt, um glücklich zu sein. Noch im Schlaf sah ich die rote Warnleuchte vor mir. Vielleicht waren es aber auch die Augen von Stephan. Die leuchteten nämlich bei der Ankunft heller als der Reservetank, denn im Camp gab es kühles Bier.

Blutrausch

Meine afrikanischen Notizen wären nicht vollständig, schlössen sie ohne die Aufzählung aller weiteren Mordanschläge auf mich durch Godehard Wolpers. Wobei ich mich freilich genötigt sehe, bei diesem Thema etwas kürzer zu treten. Denn bestimmt ist Ihre Neugier inzwischen abgestumpft, weil Sie wissen, dass ich auch nach dem dreißigsten

Anschlag immer noch lebe*, und mit Sicherheit habe ich den Bogen überspannt und das Wort »Mord« zu inflationär verwendet. Ich bitte Sie um Verzeihung: Es ist der klassische Anfängerfehler des Autors, der meint, ein Krimi mit zehn Toten wäre zehnmal so spannend wie der mit nur einem.

In der Tat war es so, dass mir Wolpers ja nicht wirklich nach dem Leben trachtete, jetzt mal abgesehen von Alaska, als er mich damals auf dem Gletscher aussetzte, Lichtjahre von der Zivilisation entfernt. Aber das war ja auch unser erster gemeinsamer Film; da ahnte er noch nicht, wie wichtig ich für seine Entwicklung war. (*Weiterentwicklung*, hatte ich ursprünglich hingeschrieben, aber gleich wieder durchgestrichen und durch *Laufbahn, Reifeprozess, Werdegang, kreatives Wachstum* und *Entfaltung* ersetzt; *Entwicklung* ist aber doch das beste Wort, denn es legt mich nicht fest: Es kann ebenso eine Entwicklung nach vorn bedeuten wie eine nach hinten, und verhindert damit den abwegigen Eindruck, ich würde was Nettes über Wolpers sagen.)

Wolpers will mich nicht töten, nimmt aber die Möglichkeit meines Todes billigend in Kauf, wenn er mir Aufgaben stellt, denen kein Sterblicher gewachsen ist. »Das macht keiner auf der Welt außer dir!« lockt er mich mit honigsüßer Heuchelei immer wieder ins Verderben, und wenn ich hinterher nur ohnmächtig bin, ohne offene Wunde, besteht er darauf, das Ganze ein paar Mal zu wiederholen, angeblich wegen nötiger Schnittbilder aus anderer Perspektive. »Grimmepreis-verdächtig«, lautete dabei sein Schmeichelruf, den ich aber niemals ernst nehme, denn erstens gibt es

* Jedenfalls zum Zeitpunkt dieser Niederschrift am 24. Mai 2001. Ich habe eben den Visomat geholt und meinen Blutdruck gemessen: sagenhafte 130:105, und das in meinem Alter!

bei diesem durchaus begehrenswerten Fernsehpreis keine Kategorie »Idioten-Stunts und Selbstmordversuche«, und zweitens waren wir bisher trotz aller Anstrengungen nicht mal auch nur in die Vorauswahl gekommen. (Was mich übrigens eiskalt lässt, da ich – drittens – bereits einen Grimmepreis habe, bäh, Wolpers!)

Richtig und absichtlich totmachen will er mich also nicht. Es konnte aber durchaus passieren, dass Wolpers beim Drehen in eine Art Blutrausch geriet und dabei völlig vergaß, dass wir noch ein paar Drehtage vor uns hatten, an denen er mich lebendig brauchte – und ich werde nie die Begegnung mit dem Löwen vergessen, in freier Wildbahn, mit der Stimme von Wolpers im Ohr, als er versuchte, mich per Funk in willenlose Trance zu quaken: »Näher ran! Du musst viel näher ran!« – Aber alles der Reihe nach.

Es begann mit der Eisenbahnfahrt, die – wie ich schon an anderer Stelle beschrieb – in Kenia ein ganz besonderes Abenteuer ist. Zwar fahren die Züge selten schneller als dreißig Kilometer pro Stunde, aber selbst das ist zu schnell, wenn das Schienenbett unterwaschen ist, eine Brücke einstürzt oder auf dem gleichen Gleis ein Güterzug entgegenkommt, den der Fahrdienstleiter vergessen hat, weil um diese Zeit sonst nie einer fährt. Trotzdem ist eine solche Bahnreise stets ein wundersames Erlebnis, das man weder persönlich noch im Film missen möchte: die feierliche Würde des musealen Bahnhofs von Nairobi, wo man noch Bahnsteigkarten lösen muss, um ihn zu betreten; die nostalgischen Wagen mit deutschen Loks aus der Zeit des Ersten Weltkriegs; und vor allem der britisch-koloniale Speisewagen, der so schaukelt, dass einem die Spaghetti um die Ohren fliegen.

In einer riesigen Schüssel werden sie vom uniformierten

Kellner aufgetragen, und während gewöhnliche Fahrgäste bei jedem Schritt durch den schlingernden Wagen von einer Seite auf die andere tänzeln, trägt dieser ruhig und trittsicher seine Fracht. Kenner setzen sich übrigens immer an den ersten Tisch und vermeiden dadurch, leer auszugehen, falls sich ein stämmiger Lokalpolitiker, der als Erster an der Reihe war, bereits den gesamten Spaghettihaufen selber zugeteilt hat – das ist in der afrikanischen Lokalpolitik einfach so üblich. (Eine Beobachtung beim Aussteigen: Auf dem Bahnsteig gingen die Passagiere wieder gerade, aber dafür tänzelte der Speisewagenkellner. Wie ein Matrose nach langer Seefahrt hatte er eindeutig Probleme, als der Boden unter seinen Füßen wieder fest war.)

Für unseren Dreh hatten wir nicht die Touristenrennstrecke nach Mombasa gewählt, sondern die andere Richtung: Am Äquator entlang nach Kisumu, der alten Provinzhauptstadt am Viktoriasee. Hier fuhren die Züge zwar ganz unregelmäßig, mit noch höherer Unfallquote als auf der Hauptstrecke, aber dafür konnten wir einen Trick anwenden, der anderswo unmöglich war: nämlich den gleichen Zug, in dem wir innen filmten, auch bei seiner Ankunft an einem kleinen Bahnhof zeigen, samt Aussteigeaktion von mir. Das würde dadurch möglich sein, dass das Team nach ein paar Stationen den Zug verlässt und von einem Auto, das schneller ist als der Zug, zu einem späteren Bahnhof gebracht wird und mich dort erwartet. Jedenfalls hatten wir uns das so gedacht . . .

Wir drehten das Einsteigen, wir drehten die Landschaft, wir drehten, wie ich mich im Schlafwagen rekelte. Dann sprangen Stephan, Erik und Wolpers aus dem Zug und rasten im Auto davon. Der größte Teil der Ausrüstung blieb in meinem Abteil. Wer sich jetzt fragt, wieso mir Wolpers auf einer so gefährlichen Strecke so viel wertvolles Zeug überließ, muss wissen, dass der Optikkram weich und stosssicher in massiven Metallkisten lagert, die man auch bei einer Eisenbahnkatastrophe unversehrt aus den Trümmern bergen kann.

In Vorbereitung der Ankunftsszene machte ich mit meinen Anweisungen den ganzen Zug verrückt: dass ich auch ganz bestimmt als Erster aussteigen konnte; dass der Schaffner zeitgleich aus der Tür neben mir springen sollte; dass hinter mir Leute mit Koffern folgen müssten, die an dieser Station eigentlich gar nicht aussteigen wollten, nebst heftigem Winken anderer aus den Abteilfenstern, als würden sie Angehörige und Freunde am Bahnsteig erblicken. Rollen wurden eingeübt, Reihenfolgen festgelegt und dazwischen immer wieder die überflüssige, weil ja doch nie beachtete Bitte ausgesprochen: »Nicht in die Kamera schauen!« Der Schaffner war schon ganz aufgeregt und polierte seine Mütze.

Dann fuhren wir ein – und niemand war da.

Mein wunderbares Team hatte sich einem Fahrer anvertraut, der behauptete, einen Schleichweg zu kennen, der schneller sei als die Asphaltstraße A 104. War er sicher auch, doch hatte der gute Mann vergessen, dass in Afrika eine Bahnschranke entweder überhaupt nicht schließt oder aber mindestens zwanzig Minuten vor Durchfahrt des Zuges. Und dass sie hinterher entweder überhaupt nicht aufgeht oder aber frühestens zwanzig Minuten später. Immerhin hatten sie meinen Zug vorbeifahren gesehen.

So idyllisch die Zugfahrt gewesen sein mochte, so unruhig wurde dann doch mein Ausstieg. Denn die Mitpassagiere, die ich zu Komparsen ernannt hatte und die sich bereits auf dem Weg nach Hollywood fühlten, sahen in mir nur noch einen miesen Schwätzer und Hochstapler. Während ich allein die schweren Gerätekisten aus dem Abteil wuchten musste, pöbelten sie mich von allem Seiten an und waren kurz davor, mich zu verprügeln. Nur weil wir zum Glück keinen Endbahnhof gewählt hatten und der Zug wieder weiterfuhr, überlebte ich. Und Wolpers, der erst fürchterlich unglücklich war, weil die Sache so schief gegangen war, strahlte übers ganze Gesicht, als er meine Geschichte hörte.

Mit den Mitteln des Transports verübte Wolpers noch zwei weitere Anschläge. Der erste war lächerlich: Ich sollte das in manchen Ortschaften Kenias verbreitete Radfahrertaxi vorführen, und er wählte dafür zielsicher die einzige Niete der Branche, einen Typ, der sofort mit mir stürzte, als ich mich hinter ihm auf den Gepäckträger hockte, der zum Zweitsattel umfunktioniert war. Das Gaudium von ein paar hundert Passanten, die sich um die Kamera geschart hatten, war riesig, die Wunden an meinen Schienbeinen etwas kleiner.

Wesentlich gefährlicher war dann schon die Motorradfahrt mit Schwester Angelika in der tansanischen Savanne. Im Auftrag der Christoffel-Blindenmission betreibt sie dort eine mobile Augenklinik für die Massai, und da ihr Einsatzgebiet mehrere hundert Quadratkilometer umfasst, ist sie fast ständig unterwegs.

Ich durfte – auf dem Rücksitz, und dadurch mit der kniffligen Moralfrage belastet: Wie klammert man sich korrekt an eine Ordensschwester? – ein kleines Stück mitfahren, und zwar immer wieder dasselbe verdammte kleine Stück, denn nach jedem ihrer Vorbeiritte musste erst umständlich die Kameraoptik entstaubt werden. Zwar glaubte sie fest an die Wege des Herrn, aber leider nicht an solche von Menschen: Wie damals der Großwildjäger bestand auch sie auf der direktesten Route querbeet und nietete jeden Busch, der im Weg stand, gnadenlos um. Und ich schwöre Ihnen: Per Motorrad ist so was noch ein gutes Stück aufregender als im Auto! Da heißt es höllisch aufpassen, dass einem die Äste und Dornen, die um die Ohren klatschten, nicht auch noch die Augen ausstechen.

Der Umstand, dass Schwester Angelika stets Augentropfen und Notverband in der Satteltasche mit sich führte, war nur ein schwacher Trost. Doch außer dem Phänomen, dass ich eine Woche lang bei jedem Atemzug eine kleine Staubwolke ausstieß, erlitt ich keinen weiteren Schaden. Und Angst hatte ich sowieso nicht. Da bin ich durch Fahrten mit Stephan am Steuer weit Schlimmeres gewohnt, vor allem, wenn Wolpers Navigator ist und die beiden endlos und hysterisch über die kürzeste Route zanken.

Auch bei der morgendlichen Ballonfahrt über die Mara-Steppe hatte ich keine Zeit für irgendwelche Angstgefühle. Dazu kam die Beinah-Katastrophe viel zu schnell und überraschend: Bei der Landung kippte die Gondel um und schleifte durch die Landschaft, während wir und die Gerätschaft durcheinander purzelten. Es war übrigens der einzige Anschlag, bei dem Wolpers auch den Verlust von Stephan in Kauf nahm, der sich mit mir an Bord befand. Aber da dies so ziemlich am Ende unserer Dreharbeiten geschah und Stephan pro Drehtag bezahlt wird, nehme ich an, dass Wolpers in der Nacht zuvor über der Kalkulation saß und überlegt hatte, wo er noch sparen könnte.

Nun fragen Sie sich bestimmt, wieso Wolpers Schuld an dieser Panne haben soll; er war ja nicht mal mit in der Gondel, da im Film nur der Pilot und ich zu sehen sein durften, weshalb Wolpers mit dem Auto zum Zielort fuhr. Dazu meine Antwort: Er hatte den Piloten ausgesucht. Und abgefüllt.

Als wir bei Morgengrauen am Startplatz der Heißluftballone ankamen, herrschte rege Betriebsamkeit. Gasbrenner zischten, Seile spannten sich, und drei der Ballone hatten sich bereits zu prallen Halbkugeln aufgebläht. Nur der vierte, der unsere, lag leer und unbeachtet auf der Wiese, wie ein vergessener Müllsack. Auf die Frage nach dem Piloten gab Wolpers eine ausweichende Antwort. Dabei hatte ich genau beobachtet, wie er den ganzen Vorabend klüngelnd mit ihm zusammensaß. Und zwar an der Bar, mit einer Batterie Bierflaschen vor den beiden. »Drehvorbereitung«, hatte Wolpers diesen Vorgang genannt, obwohl Stephan und Erik längst im Bett waren.

Eine Staubwolke kam näher, aus dem Jeep sprang der Pilot. Mürrisch jagte er seine Helfer durch die Gegend. Zu uns sprach er kein Wort, aber das verstand ich nur zu gut: Ein Pilot, der zu spät kommt, hat das Gesicht verloren, zumal seine drei Kollegen bereits gestartet waren. Kann es sein, dass ich in deren Augen zum Abschied so was wie Spott flackern sah? Oder war es Mitleid?

Die Ballonfahrt über der erwachenden Savanne war ein Traum: Nur wenige Meter hoch glitten wir über die Akazienbäume hinweg, über den sumpfigen Fluss mit den Krokodilen und Nilpferden. Gazellenherden trabten über den staubigen Boden, wir begegneten einer Elefantenfamilie, eine Giraffe ergriff panisch die Flucht, als sie der Schatten des Ballons streifte. Und die Zebras waren so nahe, dass man sie fast hätte riechen können, wäre der Atem des Piloten nicht so viel intensiver gewesen. Die »Drehvorbereitung« muss ganz schön heftig gewesen sein, und ich verfolgte mit größtem Misstrauen, wie er den Brenner betätigte, um die Luft in der Ballonhülle nachzuheizen: Ich hatte Angst, die Gasflamme könnte seinen Atem entzünden und unser Gefährt wie eine Rakete ins All schießen lassen.

Es war eine unnötige Sorge. Majestätisch und lautlos schwebten wir dahin – das heißt, ganz so lautlos auch wieder nicht. Denn zwischendurch zog immer wieder ein hässlich knatternder Ultralight-Flieger vorbei, von dem aus Erik unseren Ballon mit der Digitalkamera filmte. Er war im Huckepack auf dem Rücken einer jungen Pilotin festgeschnallt und sah dabei – je nach Fantasie – aus wie ein kopulierender Frosch oder E.T. auf seinem Flug mit dem Fahrrad.

Die anderen Ballone waren längst gelandet und deren Fahrgäste saßen bereits am Frühstücksbüffet, das mitten in der Wildnis aufgebaut war, komplett mit Rührei und Champagner. Offenbar ahnte unser Pilot, dass es nicht gut gehen würde, denn plötzlich wurde er gesprächig: Wir sollten uns auf den Boden hocken, die Knie anziehen, beide Hände fest an den Haltegriffen. »Auf keinen Fall aussteigen, bevor ich es sage«, schrie er und zog hektisch an irgendwelchen Seilen. »Auch dann nicht, wenn ihr glaubt, dass wir da sind!«

Ich grübelte gerade über den Sinn seines letzten Satzes, als es einen harten Schlag gab: Wir waren da. Jedenfalls glaubte ich das, doch hinterher gab es noch weitere Schläge, woraus ich folgerte, dass wir doch noch nicht da waren. Aber wir flogen auch nicht wieder weg, sondern landeten immer aufs Neue. Schließlich kippte die Gondel zur Seite, schrammte den Boden entlang und blieb stehen. Ich hoffte, dass wir jetzt endgültig da waren – dies zu glauben, wagte ich noch nicht. Aber ich verstand jetzt den letzten Satz des Piloten.

Stephan, der sich natürlich nicht festgehalten hatte, sonder filmte, war bei dem Landemanöver mehrmals an mir vorbeigeflogen – wobei er immer noch filmte . . . ich weiß auch nicht, wie er das schafft. Im Film jedenfalls sieht es genau so dramatisch aus, wie es wirklich war, und das hat man selten.

»Jetzt könnt ihr aussteigen«, sagte der Pilot mit dem letzten Versuch, Autorität und Würde zu bewahren. Aber wir konnten nicht aussteigen, sondern mussten auskriechen. Dafür war es nicht weit zum Frühstücksbüffet: Wir brauchten nur aufzustehen und uns zu setzen. Unser Pilot hatte eine Ziellandung geschafft. Beinahe hinein in den Obstsalat.

Drei Tage später gab es noch ein zweites Luftattentat, doch entgegen seinen finsteren Absichten bereitete mir Wolpers damit eine riesige Freude.

Er hatte einen Hobbypiloten samt seinem knallroten Oldtimer-Doppeldecker aufgetan, einer richtigen fliegenden Kiste wie in den alten Tagen: Der Passagier hockt vorn, der Pilot hinten, beide natürlich im Freien, ohne Verdeck. Damit sollten wir einen Looping fliegen, von dem Wolpers erhoffte, er würde mich aus dem Flugzeug schleudern – typisches Laiendenken, denn in der wunderbaren Welt der Schwerkraft ist es genau umgekehrt: Man wird zunächst tiefer denn je in den Sitz gepresst und ist dann ein paar euphorische Sekunden lang schwerelos.

Immer schon hatte ich von so einem Flug geträumt, endlich wurde er Wirklichkeit. Standesgemäß traten wir an, mit Fliegerhelm und wehendem Schal, Snoopy und der Rote Baron. Und als es vorbei war, gab es noch einen weiteren Triumph für mich. Da setzte sich Stephan an meine Stelle, um eine »Subjektive« zu drehen, also den Looping aus meiner Sicht, und siehe da: Stephan, der Schwindelfreie und Tollkühne, der Unterwasserdämon und Abgrundverachter, der ohne Zögern zwischen zwei Alpengipfeln vor dem Hochseilartisten filmend einher tänzeln würde, dieser Stephan sagte beim Aussteigen: »Mir ist schlecht.«

Aus Chronistenpflicht erwähne ich noch einen weiteren Anschlag, der aber diesen Namen nicht verdient, weil ich ihn gar nicht ernst nahm: Wolpers wollte, dass ich mich zu Tode ärgere, indem er mich mit Kukui Arap Maget zusammenbrachte, einem gestandenen Kerl von 91 Jahren, der immer noch mit elf Frauen verheiratet war – früher mal waren es über zwanzig. Wahrscheinlich erwartete Wolpers, dass mich der gelbe Neid frisst und ich davon Hepatitis kriege ... lächerlich. Ich war mit drei Frauen verheiratet (hintereinander), und das reicht für dieses Leben.

An einem viel bedrohlicheren Ereignis hingegen war ich selber schuld, da konnte Wolpers ausnahmsweise nichts dafür: die Changa'a-Probe im Luo-Dorf.

Changa'a ist der Gattungsname für Selbstgebrautes, der kenianische Obstler sozusagen. Er sieht in jeder Gegend anders aus, hat aber einen doppelten gemeinsamen Nenner: Er enthält tierisch viel Alkohol und man stellt ihn zu Hause her, möglichst versteckt, denn die Sache ist illegal. Basis ist eine Getreidemaische – in unserem Fall das ohnehin schon ziemlich unangenehm schmeckende, bräunliche Sorgum. Dazu kommen noch ein paar andere Zutaten, die man aber gar nicht mehr kennen will, sobald man erfährt, wie die Fermentierung erfolgt: Nämlich durch Speichel. Man spuckt hinein und lässt die Sache reifen.

Zu unserem Empfang stand ein großer Kessel mit Changa'a bereit. Es ist eine Ehre, sich im Kreis der Ältesten in die erste Reihe setzen zu dürfen. Überlange Strohhalme laden dazu ein, reihum das kostbare Nass zu schlürfen.

Nun ist es an sich mein Prinzip, auf keinen Fall fremde Sitten zu verspotten oder Menschen zur Belustigung von uns Wohlstandsbürgern vorzuführen, schon gar nicht in der Dritten Welt, wo selbst ein harmloser Scherz leicht als arrogante Überheblichkeit missverstanden werden kann. Mit dem gleichen Respekt esse und trinke ich, was immer mir angeboten wird – im ersten Buch habe ich ausführlich darüber geschrieben. Aber gilt das auch für ein Höllengebräu wie Changa'a?

Der eben geschilderte Respekt verlangt es, darüber nichts Abfälliges zu berichten, schließlich erfreuen sich Millionen Menschen an seiner stimulierenden Wirkung. Doch gibt es einen Interessenkonflikt. Denn gleichzeitig gebietet es die Pflicht des Reporters, auch bei unangenehmen Dingen die Wahrheit zu sagen. Nach gewissenhafter Güterabwägung und langem inneren Ringen habe ich mich zu der letzteren entschlossen und erkläre hiermit bei allem Respekt vor der afrikanischen Kultur: Changa'a sieht aus wie ein Eimer Gekotztes, aufgewischt in einem Bahnhofsklo. Und weil es bestimmt auch so schmeckt, habe ich geschwindelt und vor der Kamera nur so getan, als würde ich dieses Zeug trinken. Afrika möge es mir verzeihen.

Lassen Sie mich zum Schluss zu den *wirklichen* Mordanschlägen meines Regisseurs und Produzenten kommen, zu den *echten* Taten aus Hass und Heimtücke, zu den *wahren* Beweisen der niedrigen Instinkte von Godehard Wolpers: zu zwei grauenhaften Versuchen, mich durch wilde Bestien zu töten, beide unter dem Vorwand, ein wirkungsvolles Anfangsbild für unseren Afrikafilm zu finden.

Safaritouristen in Kenia kennen die Prozedur: Frühmorgens besteigt man einen vergitterten Kleinbus, ist zunächst bestürzt über die Kargheit und Leere der Landschaft, aber bald verzaubert von der überreichen Tierwelt. Die Fahrer wissen genau, wo sie fündig werden: In oft riesigen Herden präsentieren sich Zebras, Büffel und Gazellen bereitwillig fürs Fotoalbum, und im Schritttempo fährt man mitten durch eine Gruppe von Elefanten, die gerade friedlich die wenigen Bäume dieser Landschaft vernichten.

Sichtungsgarantie besteht auch für Giraffen und Warzenschweine, und die Löwen liegen nicht immer nur faul im Schatten der Akazienbäume, sondern spüren, was man von ihnen erwartet: Sie lassen sich nicht im geringsten von den Bussen stören, wenn sie sich, mit präzise verteilten Aufgaben, an ihre Beute anpirschen – wobei die Touristen immer die Partei des Bejagten ergreifen und begeistert johlen, wenn der Löwe ins Leere springt. Nur Leoparden machen sich äußerst rar, was ich nur zu gut verstehen kann. Denn wenn einer von ihnen auf seinem Baum erspäht wurde, gibt es sofort Handy-Alarm, und in Kürze stehen zwanzig Kleinbusse rundherum Spalier . . . ganz schön lästig, wenn man in Ruhe sein Schläfchen machen will.

Auch wir hatten einen vergitterten Kleinbus, doch war dieser nur für Wolpers und das Team bestimmt. Ich bekam einen offenen Jeep. Damit sollte ich durchs Steppengras donnern, Tierherden jagen und über die Schönheit Afrikas plaudern. Meine besorgte Frage, ob so ein offenes, türloses Vehikel denn auch sicher sei, wo man doch immer streng darauf hingewiesen wird, sein Fahrzeug in freier Wildbahn auf keinen Fall zu verlassen, tat Wolpers mit der Bemerkung ab, dass die Tiere hier Menschen gewohnt seien. Außerdem appellierte er an meine Eitelkeit: Im VW-Bus würde so was armselig aussehen, sagte er, ich würde wirken wie ein Nachrichtensprecher.

Ich gebe zu, es macht Spaß, mit Jeep und Tropenhelm durch die Savanne zu preschen, man fühlt sich als richtiger Kerl. Eine Flinte dazu und eine Whiskyflasche, und Hemingway wäre wieder auferstanden. Weil es ein großes Bild werden sollte, war ich natürlich allein. Stephan stand mit der langen Optik irgendwo am Horizont, mit Wolpers gab es Funkkontakt, ohne dass ich ihn sehen konnte. So fuhr ich durch Afrika.

Wir wissen: Als Arbeitstiere eignen sich nur die indischen Elefanten, ebenso für die niedlichen Tricks in Zirkus und Zoo. Die großen afrikanischen Elefanten sind zu wild und zu eigenwillig dafür und lassen sich kaum zähmen. In den Nationalparks machen sie aber wenig Ärger, denn sie sind die Touristenbusse längst gewöhnt. »Sie halten sie für harmlose Tiere, denen sie aber aus dem Weg gehen, weil sie die Auspuffgasse nicht mögen«, erklärte mir der freundliche Ranger, der uns begleitete. Man kann sich einer Herde deshalb gefahrlos nähern, vorausgesetzt, man hält bestimmte Regeln ein: Ganz langsam vorbeifahren und niemals eine Elefantenmutter von ihrem Jungen trennen. Regeln, von denen ich natürlich keine Ahnung hatte.

Ferngesteuert von Wolpers fuhr ich erst in großem Bogen um die Herde herum, dann in kleinerem Bogen, und schließlich, weil die Tiere so locker dastanden, mitten durch. Natürlich mit Schwung, und auch gleich ein paar Mal, wie es sich gehört, um Schnittbilder aus verschiedenen Einstellungen zu bekommen. Dass einige Tiere mit den Ohren schlakkerten und die Rüssel schwenkten, betrachtete ich als Willkommensgruß – kennt man ja von den Fans. Leutselig winkte ich zurück. Und da ich erst am Vortag im Tierwaisenheim von Daphne Sheldrick ein gemeinsames, fröhliches Schlammbad mit den Elefantenbabys Zoe und Lominyek genommen hatte, ging ich davon aus, dass sich mein gutes Verhältnis zu Dickhäutern in der Wildnis rumgesprochen hatte, und fand deshalb nichts dabei, ganz dicht an ein Elefantenjunges ranzufahren.

Da sah ich plötzlich im Rückspiegel, dass mir jemand nachlief. Ein Elefant. Mit aufgestellten Ohren und hoch aufgerichtetem Rüssel.

Ich fuhr schneller als Schwester Angelika und direkter als der Großwildjäger zum vergitterten Bus zurück und sprang hinein.

Später, im Film, sah ich, dass die Elefantenmutter nur ein paar Schritte in meine Richtung gelaufen war, nicht viel mehr als eine Drohgebärde, aber man weiß ja nie. Und als ich hinterher den Ranger fragte, ob mein Verhalten gefährlich gewesen sei, sagte er: »Ja, das war ziemlich gefährlich.« Wolpers aber strahlte: »Tolles Bild.« Er war nur enttäuscht, dass mich der Elefant nicht totgetrampelt hatte.

Menschen, die Wolpers nicht kennen, könnten natürlich auch hier wieder mildernde Umstände geltend machen: Er hatte den Elefanten schließlich nicht aufgehetzt, es war ja *meine* Fahrt gewesen. Stimmt. Aber er hat mich durchs Fernglas beobachtet und gesteuert. Mir genau gesagt, wie ich fahren soll. Mich ausdrücklich in Richtung Elefantenbaby und damit in den möglichen Tod geschickt. Aber bitte, wenn Sie unbedingt wollen, mildere ich die Anklage auf grobe Fahrlässigkeit. Es gibt ja noch ein weiteres Beispiel. Und da war es REINE MORDLUST.

Wegen meiner Herkunft aus Österreich habe ich ein gestörtes Verhältnis zu Löwen. Denn in meiner alten Heimat spricht man den Löwen als »Löben« aus, was zu einem der fürchterlichsten Kalauer der Humorgeschichte geführt hat: »Warum heißt der Löbe Löbe? Weil er in der Wüste löbt.« Da man sich mit den Phonemen der Kindheit sein Leben lang abquälen muss, hatte ich wegen der dämlichen Löben viel Spott zu ertragen, ebenso wegen der Giraffen, aus denen trotz besseren Wissens auch bei Ex-Österreichern wie mir gelegentlich immer noch »Schiraffen« werden. Beide Tiere sind mir dadurch so verleidet worden, dass ich nie mehr in einen österreichischen Zoo gehe.

Wir hatten inzwischen »umgesetzt«, wie es im Filmer-Jargon so schön heißt, und standen jetzt in einem Gelände, wo bestimmt ein Löwe vorbeikommen würde, wie uns der Ranger versprach. Diesmal war ich nicht allein im Jeep: Stephan hockte mit der Kamera auf dem Beifahrersitz und der Ranger benutzte das Reserverad hinter dem Rücksitz als Versteck, um nicht im Bild zu sein.

Dann kam der Löwe. Ein männlicher Löwe, wie er im Buch steht, mit prachtvoller Mähne und majestätischem Gang. »Wir können ruhig näher an ihn ran«, flüsterte der Ranger hinter dem Reserverad, »er wittert eine Löwin. Solange er auf ihrer Fährte ist, interessiert ihn nichts anderes.« Wie gut, dass Wolpers nicht im Auto war, denn ich wette: Wenn Löwen einen Wolpers wittern, drehen sie durch. Übrigens nicht nur Löwen.

Ich fuhr näher ran, und fast hundert Meter lang begleiteten wir ihn parallel zu seinem Gang. Er schien das überhaupt nicht wahrzunehmen, er tat, als würden wir gar nicht existieren. Die Welt um ihn schien nur aus der Suche nach diesem geheimnisvollen, fernen Weibchen zu bestehen. Irgendwie erinnerte mich das an meine Pubertät.

»Ich brauche davon unbedingt eine Totale«, kam das

Kommando von Wolpers über Funk. Und das bedeutete: Alleinfahrt für mich im Jeep.

Stephan und der Ranger stiegen in den Gitterbus um. Da der Löwe unbeirrt weitermarschiert war, hatten wir ihn bald eingeholt. Ich fuhr an seiner rechten Seite, der Bus mit der Kamera auf der linken, natürlich mit großem Abstand, damit Stephan die ganze Palette der Einstellungen zur Verfügung hatte, von der weiten Landschaft bis zum Blick auf meine angstgeweiteten Pupillen durch das Teleobjektiv.

Mir fiel ein, was unser Großwildjäger zu diesem Thema gesagt hatte: »Löwen sind entweder harmlos oder gefährlich, je nachdem. Im Allgemeinen sind sie harmlos, weil sie den Menschen für überlegen halten und ihn deshalb fürchten und meiden. Wenn sie aber zufällig mal einen angefallen haben und dabei erkannten, was für eine leichte Beute er ist, fressen sie ab sofort nur noch Menschen.« Würde ich heute jener Mensch sein, bei dem er es rausfindet?

»Näher ran«, quakte Wolpers aus dem Funkgerät, obwohl ich schon so nahe war, dass ich ganz deutlich den Löwengeruch spürte. Und ich wusste, wie Löwen riechen, denn ein paar Tage vorher hatte ich einem Löwen ein Thermometer in den Arsch geschoben. Der Löwe war zwar im Tiefschlaf, denn das Ganze fand in der Tierklinik des Nationalparks von Nairobi statt, wo jeder freilebende Löwe einmal im Jahr gefangen, betäubt und gründlich untersucht wird, aber immerhin: Es war ein richtiger, lebendige Löwe und ich durfte ihn anfassen, ihm ins Maul schauen und seine Temperatur messen. Er roch fürchterlich, und zwar nicht nur der Arsch, sondern der ganze Löwe.

Wolpers war gnadenlos: »Fahr um ihn herum!« Kann es sein, dass das gar nicht mehr der Löwe war, den ich roch, sondern mein eigener Angstschweiß?

Ich fuhr um den Löwen herum, und dann wieder ganz nahe an seine Seite, allein im offenen Jeep. Höchstens fünf Meter trennten mich von dem Tier, ein großer Schritt für die Menschheit, aber nur ein kleiner Sprung für den Löwen. Wieso mache ich so was?

Wolpers schien in eine Art sexuelle Erregung zu geraten. »Noch näher! Noch näher!« krächzte er keuchend. Bei Pornos lautet zwar der entsprechende Text: »Noch tiefer! Noch tiefer!«, aber die Stimme klingt genauso.

Das war der Augenblick, als der Löwe seinen Kopf drehte. Zum ersten Mal in unserer Begegnung schaute er nicht nach vorne, sondern zur Seite. Auf mich. Es war nur ein ganz kurzer Blick, aber ich verstand ihn: »Wenn du nicht augenblicklich abhaust, ändere ich meine Grundhaltung und werde zum Menschenfresser.«

Ich haute augenblicklich ab.

AUSREDE
Teil 2

Eben merke ich, dass das Papier dieses Buches zu Ende geht, und so kurzfristig kann man keins nachbestellen. Das ist schade, denn gerade über die Filmreise nach Thailand hätte ich viel zu erzählen. Sensationelle Sachen, wie ich dort von einem Gummibaum meinen ersten Radiergummi gezapft habe, und so. Und noch mehr gäbe es über den neunten Film zu berichten, über New York. Denn dort habe ich zehn Jahre lang gelebt, zuletzt mit einem »NYP«-Kennzeichen am Auto, »New York Press«, damit konnte man sogar im Halteverbot parken.

Mist. Jetzt muss ich wohl noch ein drittes Buch schreiben.